大家小书·译馆

Peri Hypsous

[古希腊] 朗吉弩斯　著

缪灵珠　译　章安祺　编订

崇高

北 京 出 版 集 团

北 京 出 版 社

图书在版编目（CIP）数据

论崇高 /（古希腊）朗吉弩斯著；缪灵珠译；章安祺编订 . — 北京：北京出版社，2023.8
（大家小书. 译馆）
ISBN 978-7-200-12697-6

Ⅰ. ①论… Ⅱ. ①朗… ②缪… ③章… Ⅲ. ①文学理论—研究—古希腊 Ⅳ. ① I546.06

中国版本图书馆 CIP 数据核字（2016）第 320609 号

总 策 划：高立志 王忠波　　　责任编辑：王忠波
特约编辑：刘　瑶　　　　　　　责任营销：猫　娘
责任印制：陈冬梅　　　　　　　装帧设计：吉　辰

・大家小书・译馆・

论崇高
LUN CHONGGAO
[古希腊] 朗吉弩斯　著　　缪灵珠　译　　章安祺　编订

出　　版　北京出版集团
　　　　　北京出版社
地　　址　北京北三环中路 6 号
邮　　编　100120
网　　址　www.bph.com.cn
总 发 行　北京伦洋图书出版有限公司
印　　刷　北京华联印刷有限公司
经　　销　新华书店
开　　本　880 毫米 ×1230 毫米　1/32
印　　张　4.25
字　　数　70 千字
版　　次　2023 年 8 月第 1 版
印　　次　2023 年 8 月第 1 次印刷
书　　号　ISBN 978-7-200-12697-6
定　　价　36.00 元

如有印装质量问题，由本社负责调换
质量监督电话　010-58572393

总　序

　　"大家小书"自2002年首辑出版以来，已经十五年了。袁行霈先生在"大家小书"总序中开宗明义："所谓'大家'，包括两方面的含义：一、书的作者是大家；二、书是写给大家看的，是大家的读物。所谓'小书'者，只是就其篇幅而言，篇幅显得小一些罢了。若论学术性则不但不轻，有些倒是相当重。"

　　截至目前，"大家小书"品种逾百，已经积累了不错的口碑，培养起不少忠实的读者。好的读者，促进更多的好书出版。我们若仔细缕其书目，会发现这些书在内容上基本都属于中国传统文化的范畴。其实，符合"大家小书"选材标准的非汉语写作着实不少，是不是也该袤辑起来呢？

现代的中国人早已生活在八面来风的世界里，各种外来文化已经浸润在我们的日常生活中。为了更好地理解现实以及未来，非汉语写作的作品自然应该增添进来。读书的感觉毕竟不同。读书让我们沉静下来思考和体味。我们和大家一样很享受在阅读中增加我们的新知，体会丰富的世界。即使产生新的疑惑，也是一种收获，因为好奇会让我们去探索。

"大家小书"的这个新系列冠名为"译馆"，有些拿来主义的意思。首先作者未必都来自美英法德诸大国，大家也应该倾听日本、印度等我们的近邻如何想如何说，也应该看看拉美和非洲学者对文明的思考。也就是说无论东西南北，凡具有专业学术素养的真诚的学者，努力向我们传达富有启发性的可靠知识都在"译馆"搜罗之列。

"译馆"既然列于"大家小书"大套系之下，当然遵守袁先生的定义："大家写给大家看的小册子"，但因为是非汉语写作，所以这里有一个翻译的问题。诚如"大家小书"努力给大家阅读和研究提供一个可靠的版本，"译馆"也努力给读者提供一个相对周至的译本。

对于一个人来说，不断通过文字承载的知识来丰富自己是必要的。我们不可将知识和智慧强分古今中外，阅读的关键是作为寻求真知的主体理解了多少，又将多少化之于行。所以当下的社科前沿和已经影响了几代人成长的经典小册子也都在"大家小书·译馆"搜罗之列。

总之，这是一个开放的平台，希望在车上飞机上、在茶馆咖啡馆等待或旅行的间隙，大家能够掏出来即时阅读，没有压力，在轻松的文字中增长新的识见，哪怕聊补一种审美的情趣也好，反正时间是在怡然欣悦中流逝的；时间流逝之后，读者心底还多少留下些余味。

刘北成

2017 年 1 月 24 日

目　录

第一篇

绪论 [1]

第一章

崇高的感染力

亲爱的特伦天[2]，你记得，我们一起研究凯齐留斯[3]的论文《论崇高》时，总觉得它无甚高论，配不上那个主题，而且完全抓不住要点，因此对读者没有多大的帮助，而这点却应当是作者的主要目的。况且，一篇学术论文须有两个必要之点：首先，作者应该阐明当前的主题；其次，而这点是更重要的，他必须指出，我们要凭什么方法来达到目的。凯齐留斯却一方面竭力举出成千例子来阐明崇高的性质，好像我们在这点上是无知似的；另一方面，关于我们应如何修养，使我们的性情达到崇高的境界，他却一字不提，显然认为这无须讨论。虽然如此，我们也许更应该赞扬作者的企图和努力，而不该苛责他的疏忽。

然而，你既然叮嘱我把关于崇高感的意见辑录起来，哪怕是为你用，我也得看看，我的见解对于从事政治活动的人是否真的有用。而你，我的朋友，应该尽你的能力帮助我，给我最坦白的批评。我们与神有何共同之处呢？——有人说，"乐善与爱真"[4]，这句话说得很好。况且，亲爱的朋友，写给像你这样有教养的人，我殆无须作冗长的绪论，说崇高在于措辞的高明和美妙，最伟大的诗人和散文家所以不同凡响，流芳百世，全靠这点。天才不仅在于能说服听众，且亦在于使人心荡神驰。凡是使人惊叹的篇章总是有感染力的，往往胜于说服和动听。因为信与不信，全在于我，而此等篇章却有不可抗拒的魅力，能征服听众的心灵。再则，独运匠心，善于章法，精于剪裁，不是在一两处可以察觉的，而须在全篇的发展中逐渐表现出来。但是一个崇高的思想，在恰到好处时出现，便宛若电光一闪，照彻长空，显出雄辩家的全部威力。然而，亲爱的特伦天，我深信你凭你的经验自会提供这些或类似的论点了。

第二章

崇高的技巧

　　首先，我们必须提出一个问题：究竟有没有使文章崇高或渊深的这种技术？因为，有人以为，要把这些问题纳于规律是完全错误的想法。据说，崇高的天才是天生的，不能传授，而天分就是唯一能产生崇高的技术。所以，他们认为，天才的作品，绳之以僵硬的清规戒律，就不啻焚琴煮鹤。而我却不以为然，试想在情绪高涨之时，人的性情固然往往不知守法，但仍不是天马行空，不可羁縻，可见他们的道理适得其反。虽则自然是万物的主因和原型，但是决定程度之强弱，机缘之是否适当，乃至训练和使用的准则，乃是科学方法的能事。况且，激昂的情绪，若不以理性控制，任其盲目冲动，随波逐流，有若无舵之舟，定必更加危险。因为天才常常需要刺激，也常常需要羁縻。狄摩西尼论及人类一般生活，[5]曾说人生之大幸是好运气，其次，而且同样重要的，是有见识，因为无见识则运气绝不足恃。此言可用于文学：天分有如佳运，技巧有如见识。总之，在文学方面有些仅凭天分的效果，我们也只能从技巧上学来。所以，如果有人非难学习技巧，肯把我这番话考虑一下，我想，他们就不会认为研究这些问题是多余而无用的了。

（以下抄本缺两页）

第三章

浮夸、幼稚、矫情

......

哪怕是他们防止了洪炉的烈焰！

因为只要我看见一个人在炉边，

我就掷给他火的花环，像激流急湍，

定必把这所房子烧成一堆灰烬。

但如今我尚未歌唱那高贵的诗篇。[6]

这些话不是悲剧的味儿，是伪悲剧罢了——譬如，"花环"，"直冲苍天"[7]，用波里亚斯为吹箫人，等等。此等措辞浊如污水，比喻不但不能动人，反而引起混乱。试在光天化日下逐节检视，行见它从可敬可畏逐渐沦为可笑可鄙。悲剧在本质上是雄伟的作品，可以容纳夸大之词，但即使在悲剧中，不和谐的浮夸仍不可恕，当然更难适合真实的语言了。无怪人们讥笑雷翁提尼的高尔吉亚 [8]，他称薛西斯为"波斯人的宙斯"，称兀鹰为"活的坟墓"；也讥笑卡利斯提尼 [9] 的某些篇章，说它不是崇高而是高傲；尤其是克雷塔科斯 [10] 的卖弄，这个轻浮的作家，正如索福克勒斯所说，"大吹法螺，不知自制"。安斐克拉提、赫革西亚斯、马特里斯也有此通病，[11] 他们往往自以为有灵感，却不是"斗酒诗百篇" [12]，而是小孩的稚气罢了。一般地说，浮夸似乎是一处最难提防的毛病。一般力求壮丽的作家，为了避免人们指摘其虚弱无力、枯燥乏味，就不觉陷入此种过失，还自以为"志气远大，虽败犹荣"。臃肿是一种病态，对身体对作品都有害处，无病呻吟，言不由衷，则必产生与初意相反的效果。谚语有云："论枯燥莫过于水肿病"。

所以，浮夸的产生是由于想超过崇高。幼稚则恰好是雄浑的反面；琐屑无聊，心胸狭窄，是最可鄙的弊病。那么，幼稚究竟是什么呢？它可不显然是一种书呆子习气，因为过于雕琢，而陷入想入非非的败笔吗？[13] 作家所以陷于这种通病，是由于追求精致、巧妙，尤其是追求风趣，于是滚入琐屑无聊的泥潭中。

第三种毛病，与幼稚有密切关系，在于误用感情，忒奥多洛斯讥之为"乞灵于酒神杖"。[14] 那是感情用得不合时宜，在应该抑制时候不知抑制。不少作家，宛若醉汉，尽量发泄感情，而不顾其主题是否需要。此等感情纯粹是个人的造作，因此使人生厌，在没有动情的听众看来，真有失观瞻；当然的，说者固然心荡神驰，听者却无动于衷。然而，关于如何使用感情，我且留待另一篇文章来讲吧。

第四章

奇　想

　　至于上述的第二种毛病——我指"想入非非"——提迈奥斯[15]就犯了不少，他在别的方面固然不失为有才能的作家，有时也不乏文采的壮丽，博学而有创见，但他明于察人之过，而昧于察己之过，因好标奇立异，往往陷于最幼稚的夸张。我只需引证他一两个例子，因为凯齐留斯已经指出不少了。他在歌颂亚历山大大帝时说："他征服整个亚洲，也用不到伊索克拉底写赞美波斯战争的颂歌那么多年。"拿马其顿王来比那位诡辩家是不伦不类的；这一来，提迈奥斯啊，就显得斯巴达战士远不及伊索克拉底一人了，因为他们征服墨塞尼需要三十年，而他写这篇颂歌却不消十年时间！再则，试看他怎样谈论在西西里的雅典俘虏吧，他说："他们对赫耳墨斯不敬，毁损了神的偶像，所以受到惩罚，主要是因为一个人，此人是受害的神的父方族人，赫尔蒙之子赫尔谟克拉提。"亲爱的特伦天，我独怪他为什么不这样讲述僭主狄奥尼修斯呢："他对狄奥和赫拉克勒斯不敬，所以被狄奥和赫拉克勒斯子孙夺了王位。"[16]

　　然而，何必指摘提迈奥斯呢？以色诺芬和柏拉图之英才，尽管曾受教于苏格拉底门下，尚且有时因为卖弄小聪明而得意忘形。色诺芬在《斯巴达政体论》中写道："你要听到斯巴达人说话，比听到石像说话更难，你要吸引铜像的注视，比吸引斯巴达人的注视更易：你会以为他们娴静得像他们眼睛里的童女。"称眼睛里的瞳人为娴静的童女，倒是适合安斐克拉提的笔调而不适合色诺芬的。如果说所有斯巴达人的瞳仁都是娴静的，那岂不怪哉！人有常言：人们显示鲁莽的地方莫过于眼睛，所以荷马称莽汉为"酒鬼，有狗的眼睛"。然而，提迈奥斯仿佛发现了被偷的东西，决不肯把这种乏味的奇想留给色诺芬。譬如，他讲阿加托克勒斯在揭罩礼[17]时劫走已出嫁的表妹："谁会这样干呢，要是他眼里有的是童女而不是娼妓？"哪怕是在别的方面高明如神的柏拉图又怎样呢？他就说过："他们写下了铭，把柏木纪念碑放在庙里"[18]，意谓题匾罢了；又如："至于城墙，墨吉罗斯啊，我同意斯巴达的做法，让城墙睡在地上永远不起来"[19]。希罗多德也不甘落后，他称美女为"眼睛的磨难"。然而，希罗多德尚可原谅，因为这句话是蛮族讲的，况且他们喝醉了酒，但是即令出于这些角色的口，也不应把有失观瞻的无聊话遗给后世。

第五章

标奇立异

　　然而，所有这些文艺莠草是同根生的，皆出自"标奇立异"思想，这种思想已经成为时下流行的狂热了。因为人们的美德和恶德往往来自同一源泉。所以，风格的美，辞藻的崇高，乃至措辞的美妙，固然有助于作品的成功，但是这些优点不仅仅是成功的也是失败的根源。我认为，结构的波澜，夸饰的运用，惯用的复数，也是如此。然而，关于它们似乎具有的危险，我们且留待下文来讲吧。现在，必须探讨一下，指出我们怎样才可以避免那些与崇高风格有密切关系的错误。

第六章

文艺的鉴别力

　　这是可以做到的，我的朋友，只要我们对于何谓真正崇高有了清楚的认识和体会。可是，这也是一件困难的事情，因为关于文艺的公允判断乃是长久经验的结果。虽然如此，让我提出一些教训，也许凭借下述的方法可以获得文艺的鉴别力。

第七章

文艺的真价值

　　我们要知道，亲爱的朋友，在日常生活中，凡是伟大心灵所鄙弃的东西，绝不会是真正伟大的，譬如说，财富，荣誉，名声，权势，以及虚有其表的荣华，在有识者看来，绝不是人生之大幸，因为鄙弃它们反而显然是一种好处；不错，享有富贵的人就远不及虽能享受但意志远大敝屣浮华的人之受人敬仰。这个原则也可用来评衡诗和散文。我们要看一看，某些篇章是否徒有堂皇的外表，端赖添上一些雕琢的藻饰，但一经细听，就发现它内容空洞，倒值得鄙视，不值得赞美。因为真正崇高的文章自然能使我们扬举，襟怀磊落，慷慨激昂，充满了快乐的自豪感，仿佛是我们自己创作了那篇文章。所以，如果一个颇有见识而又熟识文艺的人再三听取一篇文章，但觉得它不能使人心胸豁达，意志昂扬，或者听过后不能留下一点思想，值得低回寻味，而愈仔细研究，愈觉得它无甚可取，那么，那就未必是真正的崇高，因为它不过是耳边风，不能经久。真正伟大的作品，是百读不厌的，很难甚且不可能抵抗它的魅力，它留给你牢固的、不可磨灭的印象。一般地说，凡是古往今来人人爱读的诗文，你可以认为它是真正美的、真正崇高的。因为如果不同习惯、不同生活、不同嗜好、不同年龄、不同时代的人们，对于同一作品持同一意见，那么，各式各样批评者的一致判断，就使我们对于他们所赞扬的作品深信不疑了。

第八章

崇高的五个源泉

崇高的风格，可以说，有五个真正的源泉，而天赋的文艺才能仿佛是这五者的共同基础，没有它就一事无成。第一而且首要的是能作庄严伟大的思想，我在《论色诺芬》一文中已有所论述了。第二是具有慷慨激昂的热情。这两个崇高因素主要是依赖天赋的。其余三者则来自技巧。第三是构想辞格的藻饰，藻饰有两种：思想的藻饰和语言的藻饰。此外，是使用高雅的措辞，这又可以分为用词的选择，象喻的词采和声喻的词采。[20]第五个崇高因素包括上述四者，就是尊严和高雅的结构。

让我们来探讨这五个因素所包含的一切，但首先说明一下，这五个因素中有些是凯齐留斯没有提及的，譬如，他忽略了热情这个因素。然而，如果他认为崇高与热情是一回事，而且往往是共生共灭的，他就错了。因为有等热情是卑微的，去崇高甚远，例如，怜悯、烦恼、恐惧。反之，不少崇高的篇章却没有热情。譬如，在不可胜数的例子中，试看荷马咏阿罗欧斯两个儿子的豪放的诗句：

> 他们打算把奥萨山叠在奥林匹斯峰，
>
> 把葱茏的伯利翁叠在奥萨，攀登天空。[21]

接着他加上更为雄伟的一句：

> 而他们居然成功。

再则，演讲家的颂词、典礼的发言、炫才的演讲，每一句都有尊严的崇高辞令，却多半没有热烈的感情。所以热情的演讲家最不善于做颂词，颂词的作家则往往缺乏热情。另一方面，如果说凯齐留斯从未想到热情有助于崇高，所以只字不提，认为是无足道者，那么他就铸成大错了。我大胆地说：有助于风格之雄浑者，莫过于恰到好处的真情。它仿佛呼出迷狂的气息和神圣的灵感，而感发了你的语言。

第二篇

思想论

第九章

思想的雄浑

既然第一个因素，我指崇高的天才[1]，较其余的因素更为重要。所以，虽然这是天生而非学来的能力，我们也要努力陶冶我们的性情，使之达到高远的意境，仿佛使之孕育着高尚的灵感。你问我，这有什么方法呢？我在别处写过这句话："崇高的风格是一颗伟大心灵的回声。"所以，一个素朴不文的思想，即使不形之于言，也往往仅凭它本身固有的崇高精神而使人赞叹。试看在《招魂》一章中埃阿斯的沉默是多么悲壮，[2]比任何的谈吐还要崇高。所以，首先指出崇高的来源是绝对必要的，我们说，一个真正的演讲家绝不应有卑鄙龌龊的心灵。因为，一个终生墨守着狭隘的、奴从的思想和习惯的人，绝不可能说出令人击节称赏和永垂不朽的言辞。是的，雄伟的风格乃是重大的思想之自然结果，崇高的谈吐往往出自胸襟旷达志气远大的人。例如，亚历山大回答巴尔墨尼奥的话，后者说："至于我，我会满意的。"……[3]

（以下抄本缺六页）

……天壤之遥远。[4] 我们不妨说，这与其是形容斗争的规模，毋宁是象征荷马的伟大。赫西奥德之描写"悲伤"就完全不同了（如果《咏盾》可以算是他的作品）：

> 从她的鼻孔，鼻涕奔流……[5]

他把这形象写得不是恐怖，而是令人反感。试看荷马如何歌颂神灵的伟大：

> 远得像守望人纵目看入朦胧的远方，
> 当他坐在哨岗上，注视酒绿色的海洋，
> 引吭长嘶的天马一跃就是这么遥远。[6]

他以天涯海角的遥远来形容天马的步伐。这是极其壮丽的，不妨说，如果天马再踏几步，这个世界哪里还有地方给它们驰骋？再则，在描写神的战斗时，他又以想象力见胜：

> 周围笳声响彻辽阔长空和奥林匹斯，

在下界，冥王阿斯多纽斯战栗不已，

他离开宝座，大叫一声，不禁魂惊心悸，

生怕上界地震王波塞冬撕破大地，

把他的住所暴露在神和人的眼底。

这可怕的、湿漉漉的地方诸神都厌弃。[7]

你看，朋友，大地裂开，深到根基，冥土也暴露了，整个宇宙支离破碎，天翻地覆，同时一切东西，天国与冥土，人与神，都参与这场战斗，都经受着危险。

这些诗篇是惊心动魄的，但是，除非当作讽喻看，否则它们全是渎神的，毫不顾及是否得体。我觉得，荷马在缕述神灵的受伤、争吵、复仇、流泪、囚禁、许许多多苦难时，他竭力把《伊利亚特》中的人写成神，神写成人。然而，我们人类虽然不幸，死还是"苦海的归港"[8]，但是荷马却使得神灵不但享得永生而且遭受永劫。但是有些诗篇如实地描写神性和它的圣洁、伟大、纯粹，就远胜于"神的战斗"，譬如，咏波塞冬的几行（虽然别人已先我详细地论述过了）：

高山和森林在颤抖，

四周峰风，特洛伊城，阿开亚人的船艘，

在波塞冬神大步走来的脚下动摇；

他乘风破浪而来，惊动了鲸鲵踊跳，

> 它们从海底升起，来欢迎这位王侯；
>
> 海洋戏喜得雀跃，裂开了，飞溅着波涛。[9]

所以，同样的这个犹太立法者，一位非常人物，对于神的能力有很高明的想象，就在《法律篇》的开章表达出来，他写道："上帝说什么呢？'要有光，于是有光；要有大地，于是有大地。'"[10]

我也许不会使你烦厌吧，朋友，假如我再引证荷马的另一节——这节是描写人类的——来给你证明，诗人往往能达到英雄事迹的伟大境界。密雾和沉沉的夜色突然笼罩着希腊人的战场，埃阿斯毫无办法，只好祷告：

> 宙斯父，请从黑暗中打救阿开亚好汉，
>
> 给我们明朗的天，让我们能用眼睛看，
>
> 宁愿您在光天化日下把我们摧残……[11]

这是埃阿斯的真实感情，他绝不乞求生命——这样的祷告会贬低这位英雄；但是在无法对付的黑暗中英雄虽勇而无用武之地，因此他恨自己在战争中无事可为，所以祷告立即云开见日，即使战死沙场，也不愧为勇士，哪怕是宙斯在向他进攻。然而，这里，荷马真的卷入战争的风云中，他如同身受：

> 酣斗若狂，有如枪手战神，有如烈焰

席卷了荒山，烧遍了幽深茂密的森林，

口里唾着泡沫似的飞涎……[12]

然而，在整篇《奥德赛》——我们有许多理由要讨论一下——荷马显得"江郎才尽"，当伟大的天才衰退时，他陷入老年人爱讲故事的习性。此外，还有许多点可以证明：他写这篇诗作为第二部作品，况且他要通过《奥德赛》介绍伊利翁战争痛苦的余波，作为（特洛伊战争的一些）[13]插曲；不错，他在诗中已经对英雄们表示哀悼，流过涕泪，仿佛是还清一笔旧债。其实，《奥德赛》不过是《伊利亚特》的跋诗：

那儿躺着神勇的埃阿斯；那儿，阿喀琉斯；

那儿躺着帕特洛克洛斯，如神的谋士；

那儿躺着我的爱子。……[14]

由于同一理由，我认为，《伊利亚特》写于诗人才华的全盛时代，全篇生意蓬勃，富有戏剧性的动作，而《奥德赛》则以叙事为主，这是暮年老境的征候，所以，在《奥德赛》，你可以把荷马比拟落日，壮观犹存，但光华已逝了。因为他在这部史诗中再不能保持《伊利亚特》诗章所特有的那种调子，那永远不会流于平凡的崇高，那情节相继川流不息的发展，那瞬息万变的政治生活的描写，那取材于现实生活的意象的丰富性，反之，宛若退潮的沧海回到它的境界，在四周崖岸中波平如镜，所以我们看到荷马的伟大才华的落潮，他逍遥于荒诞无稽的野史奇谈的领域了。话虽如此，我并没有忘记《奥德赛》所写的暴风巨浪，独目巨人等的稗史，我是讲老境，荷马已到了衰老的暮年。——然而，事实上在所有这些诗章中总是虚构压倒了写实。

我说过，我离开本题，是为了证明：伟大天才到了才华衰退之时，往往很容易流为废话连篇——譬如，酒皮袋的故事，茜尔赛使人变成猪（左伊罗斯讥之为"流泪的猪"），鸽子把宙斯当作小雏养育，奥德修斯在破船遇难时十日不食，奥德修斯屠杀求婚者们那令人难信的事迹。[15] 这些废话，不叫作"宙斯之梦"[16]，却叫作什么呢？

况且，我们所以要谈论《奥德赛》，另有一个理由：我希望你认识，伟大的作家和诗人到了热情衰退之时，也往往沦于着重性格刻画。例如，关于奥德修斯家中日常生活的性格刻画，就有点像以刻画性格为主的喜剧了。

第十章

题材的选择和组织

　　现在，我们且研究一下：是否还有其他能够使风格显得崇高的因素。在一切事物里总有某些成分是它本质所固有的，所以，在我们看来，崇高的原因之一在于能够选择最适当的本质成分，而使之组成一个有机的整体。因为能吸引读者的原因，一方面是题材的选择，他方面是选材的组织。例如，萨福之描写恋爱狂的痛苦，就是取材于现实中恋爱所带有的征候。她在哪方面显出她的优点呢？在于她能选择和组织那些最主要最动人的征候。

　　我觉得他宛若神明：

　　他坐在你面前倾听

你那充满蜜意的话，

你那惹人怜爱的笑声——

这使得我的心

在胸中鼓动不停。

只要看你一眼，

我便说不出声，

我的舌头不灵。

一种微妙的火焰

立刻在我身上传遍，

我眼花，视而不见，

我耳鸣，听而不闻；

我的汗好像甘霖，

我浑身抖颤；

我的脸色比草还青，

我觉得我与死亡接近。

　　试看她怎样一起召唤灵魂、肉体、听觉、视觉、舌头、脸色，仿佛这一切都离开了她，这可不使人击节称赏吗？她感到彼此矛盾的感觉，她发冷，发热，思想不清，如痴如狂，因为她生怕自己接近了死亡。她要表现的不是单一种感情，而是许多感情的相结合。所有钟情的男女都显出这些征候，而萨福的卓越的优点，我曾说过，在于她独能选择最动人的地方，而使之组成一个整体。我想，这好像荷马的手法，诗人在描写暴风巨浪时就选择它所带来的最惊险的情景。《阿里玛斯培亚》的作者[17]当然自以为下面的诗句是惊心动魄的了。

> 还有一件事使我们的心充满惊惶：
> 有等人住在远离陆地的沧海中央，
> 他们是可怜的人，劳苦得令人哀伤；
> 他们眼睛盯住星光，心灵寄托海上，
> 常常举起祈求的双手向神灵祷告，
> 心灵的深处也动荡得像惊涛骇浪。

我想，谁都知道，这与其是惊心动魄，毋宁是瑰丽如花。然而，荷马却怎样描写呢？我们试从许多例子中单举一个。

> 他扑上去，宛若巨浪打在一艘快船上，
> 在浓云之下狂风掀起了惊涛骇浪，
> 浪花把船淹没了，可怕的飙风若狂
> 在船帆上怒吼，舟子发抖，因为惊慌，
> 出于毁灭之下的逃生是十分勉强。[18]

阿拉托斯也尝试过采取这点意思：

> 幸赖一片小板免于灭亡。

然而，他贬低这个意思了，使它显得玲珑雅致，而不是惊心动魄。况且，他限制了这场惊险，而说"一片小板打退了灭亡。"可不是吗，小板竟然打退灭亡！反之，荷马并不把惊险限于一时，他描写舟子们不断地处于毁灭的边缘，一浪接着一浪打来。况且，在"出于毁灭之下"这短语中，强迫两个前置词结成一个不大自然的复合词，[19] 他这样强扭其语言，使之符合当前的灾难，以语言的紧凑来庄严地绘出苦难的场面，那就几乎使他的辞藻也带上这场惊险的烙印了——"出于毁灭之下"云云。阿奇罗科斯之描写海上遇险，[20] 狄摩西尼之描写消息的传来，[21] 也与此仿佛。他写道："现在是黄昏了……"。我们不妨说，这些作家选择要点时必权其轻重，轻轻一笔便澄清了境界，并且使这些要点彼此结合，而绝不容有浅薄的、拙劣的、炫才的败笔混杂于其间，因为这些败笔，如同罅隙和孔洞，定必破坏了整体，破坏了那有条不紊建成一间毫无破绽的大厦似的雄浑意境。

第十一章

铺张的手法

　　与上述的优点有关的一种手法，是所谓"铺张"：每一段的主题和论点都有不少起伏波澜，雄浑的文辞一句接一句滚滚而来，不断地增加其气魄。其法是：或推陈出新，予以发挥；或故甚其词，加以夸大；或指出事例和论点以着重其说；或刻意铺陈事实；或用心激发感情——总之，铺张的方法有千百种。然而，演讲家必须知道，如若没有崇高的因素，这些方法本身绝不能臻于绝妙之境，除非是在怜惜或非难的场合，那当然是例外，但是在其余一切铺张，去掉崇高的因素就不啻从肉体取去灵魂，因为若没有崇高的因素来支持，它们必至于立刻失掉其力量而显得空洞了。然而，我现在所讲的与上文所述的到底有区别（我指，限定要点和构成统一整体），一般地说，崇高与铺张不可混同，为了清楚起见，我试略为说明这两者的判别。

第十二章

崇高与铺张

有些专门论文所下的定义不能令我满意。它们说，铺张乃是使主题似乎壮丽的文辞。显然，这个定义既适用于崇高的，亦适用于热情的和修饰的风格，因为这些风格都能授予语言一些壮丽的性质。然而，我觉得它们彼此有别。崇高在于高超，铺张在于丰富；所以你在一个思想中也往往能发现崇高，而铺张则常常须依赖数量甚或一点冗赘；大致说来，铺张乃是累积主题所固有的成分和话题，从而予以发挥，不厌其详，以加强论旨。在这点上它与"论证"有所不同，因为论证是证明所要求的论点。……

（以下抄本缺两页）[22]

……极其丰富多彩，宛若浩海，常常泛滥着一片雄浑的苍茫。所以，我认为，就风格来说，这位雄辩家（狄摩西尼）较为热情，有许多如火如荼热情磅礴的焕发，而柏拉图则稳健，颇有富丽堂皇的尊严，虽然不是冷淡，可就不是这样光辉四射了。所以，我觉得，亲爱的特伦天，——如果我们希腊人可以说句话，我要说——西塞罗在雄浑方面与狄摩西尼有所不同，也是在这一点上。狄摩西尼的风格大抵是粗豪的崇高，西塞罗则如瀑流急湍。我们这位同胞凭借他的勇猛、他的急进、他的力量和惊心动魄的辞令，把一切燃烧起来，散之四方，可以比拟疾雷闪电。我认为，西塞罗则如野火燎原，席卷一切，扫荡一切，他的内心往往有一股强烈而持续的火焰，时而东，时而西，又不断给养以燃料。然而，你们（罗马人）[23]关于这点可能评判得更好，但显然狄摩西尼这种崇高和雄健的最好时机，是在语势强烈热情磅礴之时，在于需要使听众惊心动魄的场合，当你要口若悬河语惊群座之时，洪涛似的辞令是用得着的。所以它大抵适合于处理平凡的主题，演讲的结语，题外的话，一切描写和炫才之作，历史和自然哲学的作品，乃至其他种种色色的辞章。

第十三章

论借鉴古人

然而，且回过来讲柏拉图吧，他虽然有若无声的潜流，但仍能达到雄伟的境界；你读过他的《理想国》，你不会不知道他的风格，他说：

> 凡是没有智慧和美德之经验的人，往往宴饮作乐，醉生梦死，仿佛每况愈下，竟然终生流连忘返；他们永不能仰视真理，永不能高瞻远瞩，永不能尝到持久的、纯粹的快乐，就像一群牲口，总是低头俯视，眼睛朝着地面，朝着食桌，饱食终日，脑满肠肥，为了贪图饱餐，用蹄相踢，用铁角相触，因为贪得无厌，互相残杀。[24]

这位作家又对我们指出，如果我们不想忽视他的意见，除了上述的以外，还有另一条引向崇高境界的道路。这条是什么和怎样的道路呢？就是模仿古代伟大散文家和诗人们，并且同他们竞赛。朋友，让我们咬紧牙关，努力达到这个目的吧。因为许多人就是这样子从别人的精神获得灵感的，正如传闻所说，德尔斐的女祭司走近三脚祭坛，据说地上有个裂口，喷出神圣的烟雾，她就在那里妊孕了神力，在灵感之下立刻宣述神谕；[25] 所以古代作家的伟大精神有一绪潜流注入慕古者的心灵中，好像从神圣的口发出启示，受了这种感召，即令不大能有灵感的人也会因别人的伟大精神而同享得灵感。难道只有希罗多德最富于荷马精神吗？以前还有斯提西科洛斯和阿奇罗科斯呢，[26] 尤以柏拉图为出类拔萃，他引导荷马那源泉的无数小溪流入他自己的文章里。要不是安蒙尼奥斯 [27] 及其弟子们早已做过分类的选目，我们也许需要举些例子的。这种借鉴的行为并非剽窃，这正如从美的性格，从雕像和艺术作品，吸取印象罢了。我觉得，柏拉图决不能在他的哲学芳园里使得百花齐放，也不能同荷马一起踯躅于诗歌和辞藻的幽林，要不是他全心全意要与荷马竞夺锦标，正如一个年轻的竞争者对一个已有惊人成就的敌手，也许是好胜一点，仿佛要争占上风，但绝不是无益的竞胜。因为，正如赫西奥德所说，"竞争对于凡夫是有好处的"。真的，胜利的桂冠是美好的，荣誉的报酬是值得争取的，即使败于古人之手也不是耻辱。

第十四章

古人与后世的评衡

　　所以，当我们苦心经营一篇要求文辞高妙思想雄伟的文章，我们最好在心中提出疑问："荷马对这篇文章会说什么话呢，柏拉图和狄摩西尼，或者修昔底德写历史著作时，怎样达到崇高的境界？"在竞赛时，此等英才就出现在我们面前，宛若耀眼的明星，使我们的心灵扬举而达到心中凝想的典范。如果我们在心中这样想一想，那就更好了："如果荷马或者狄摩西尼在座，他会怎样听取我所说的话呢，那一篇又会怎样感动他？"这个考验是重大的，要是我们邀请了这样的评判员和听众来听取我们自己的讲话，而假设我们把自己的作品交给如此非凡的审判官和见证人来审查。而更使人兴奋的是这个问题："如果我写了这篇文章，后世的人们将如何评判呢？"设使你害怕你的话在你生存的时代尚且不合时宜，未得众赏，那么，你心中的概念定必还未成熟，盲目蠢动，有如流产的胎儿，毕竟是未足月数，你就难望它能博得千载的声名。

第十五章

论想象

风格的庄严、雄浑、遒劲，年轻人啊，多半是赖"意象"产生的。有人称之为"心象"。所谓想象作用，一般是指不论如何构想出来而形之于言的一切观念，但是这个名词现在用以指这样的场合：即当你在灵感和热情感发之下仿佛目睹你所描述的事物，而且使它呈现在听众的眼前。你别忘记，想象在雄辩中是一回事，在诗歌中又是另一回事。诗的意象以使人惊心动魄为目的，演讲的意象却是为了使观念明晰，虽则两者都力求做到后一点，力求激发感情。

母亲啊，我恳求您，您别调唆
那些血足蛇状的女妖迫害我，

唉，她们在这儿，迫近了，向我猛扑！[28]

再则，

天呀，她要杀我了，我向哪里逃走？[29]

这里，诗人自己如同目击那些复仇女神，他几乎要强迫听众来看见他所想象的事物。欧里庇得斯不惮烦劳用悲剧来表现这两种情操——疯狂与爱情；我认为，他在这些方面比在其他任何方面更加成功，虽则他绝不是没有勇气来尝试别种的想象。因为缺少崇高的天才，所以他在许多处强迫他的才能向悲剧方面发展，于是往往在他的宏伟的篇章中，有如诗人荷马所咏：

它的尾巴鞭打着肋和腰的左右，
它这样督促着自己去奋勇战斗。[30]

譬如，他写太阳神把马缰交给法厄同——

当心，别驾车闯入利比亚的空际，
那儿天气燥热，没有湿气来调剂，
会把你的车轮燃毁……

接着，又说：

> 可是，你朝着七曜星奔向前程。
> 少年听了这番话，便握紧缰绳，
> 扬鞭打着他的翼马两旁前行，
> 它们立刻鼓翼飞入碧空的云层，
> 他父亲在背后骑着天犬星，
> 指教着儿子："你驶向这边，
> 朝这儿驾你的车，朝那儿驰骋。"[31]

你岂不是说，诗人的心灵也一起在车上，同冒着天马飞行的危险吗？要不是他也参与天马的行空，他就永远不能想象出这些情景了。同样的想象力也见于他描写卡珊德拉的几行诗，起句是：

> 然而，你们爱马的特洛伊人啊！[32]

埃斯库罗斯大胆尝试最富有英雄气概的想象，例如，他描写七将攻忒拜：

> 七位英雄都是勇猛的领袖，

在黑边的盾上杀了一条牛，

把手指浸渍在鲜血之流，

然后向男战神和女战神祈求，

又向嗜血的恐怖神稽首……[33]

　　于是他们彼此信誓旦旦，"死而不哀怨"[34]；但是有时埃斯库罗斯也运用一些未加过工的粗豪思想，有如未梳未理的羊毛。然而，欧里庇得斯为了爱名誉也甘冒此等危险。埃斯库罗斯写来客古士的宫殿在酒神狄奥尼索斯出现时着了魔祟，曾用过一行险句：

宫殿陷入狂迷，屋檐飘飘然如醉酒。[35]

　　欧里庇得斯用不同方法表达同一思想，而使之美化：

漫山遍野一起宴饮作乐。[36]

　　索福克勒斯以巧妙的想象力描写临死的俄狄甫斯在皇天兆示时指挥自己的葬礼。[37]阿喀琉斯在希腊人归航时，在他的坟头对束装待发的军人显灵，这光景也许没有人比西蒙尼得斯写得更生动了。[38]此种例子是举不胜举的。

　　然而，我曾说过，诗人的手法有点神话似的夸张，远远超过可信的限度，而雄辩中最美妙的想象却往往具有现实性和真实性。当演讲词的风格具有诗意，神话似的无稽，迷失于不可能的刻画时，此等例外就未免是荒诞的，有若异邦的情调了。例如，我们今日那些标奇立异的雄辩家——我的天！——就像悲剧诗人那样，总是看见复仇女神，可是这些高贵的先生们独不能了解这点——当奥瑞斯忒斯说：

> 放我吧！你是我的一个复仇女神，
>
> 你抱紧我的腰间，要把我抛入冥土。[39]

他不过是在幻觉中，因为他疯了。

那么，雄辩中的想象有何功能呢？它也许能把许多劲势和情感授给演讲词，但是如果配合着事实的论证，它就不但能说服听众，而且能支配他们。狄摩西尼说：

> 然而，设使此刻我们听到法院前有一阵呐喊声，而且有人说牢狱被打开了，囚犯都逃走了，我相信，人不论老少，决不会无动于衷，不走去尽力帮助的。假如有人走来说，就是某人释放了他们，他就会立刻被打死，不容他分说。[40]

又说，许帕里德斯因为在雅典大败之后提议解放奴隶而被控，他在受审时说："不是哪个演讲人起草这决议书的，咎在于开洛尼亚之战。"[41]这位雄辩家连同事实的论证一起还运用想象力，从而使他的观念远超过说服的限度。在所有这些例子中，我们自然而然听信了较有感染力的话，所以我们被吸引着，从推理方面转向想象所产生的魅力，于是事实的论证就仿佛笼罩在灿烂的光环中。我们的感动不是没有理由的；当两种力量结合为一，较强者往往吸取了较弱者的功能。

关于思想方面的崇高，它如何借助于心灵的伟大品质，或赖模仿或赖想象力而产生，上文的话已经够了。

—

第三篇

辞格论

第十六章

誓　词

　　现在，其次是论述辞格的问题；因为辞格如果运用得妥当，我曾说过，也是崇高的重要因素之一。然而，此刻要仔细讨论所有的辞格，就需要很大的努力，乃至无限的辛劳，所以我们为了加强我们的论点，只能缕述几种能够产生雄浑风格的辞格而已。

　　譬如，狄摩西尼为了维护他的政治主张而提出一些论证，[1]怎样才是最自然的手法呢？

　　你们，雅典人啊，仔肩艰巨，为希腊的自由而斗争，是没有做错的，你们在国内就有其明证，因为那些曾在马拉松、在萨拉密斯、在布拉泰亚作战的人们都没有做错。

但是，当突然在神授的灵感之下，仿佛受了太阳神的启示，这位雄辩家竟然指着希腊的英雄人物发个庄严的信誓：

> 你们绝不会错的，不，我敢以曾在马拉松出生入死的英烈为誓。

那么，凭借誓词这种辞格——这里我称之为呼告法的誓词——他仿佛把先烈视若神明，因为他暗示我们应该像指天为誓那样呼告如此壮烈牺牲的人们；他把出生入死者的精神充满审判官的心灵，使其论证的性质化为无比崇高热情洋溢的文辞，令它具有如此不可思议不同凡响的誓词所特有的说服力，所以他的演讲词对于听众的心情有若一剂良药或解毒之方，他们听了这赞美词，为之精神抖擞，顿觉得与腓力作战可以自豪，好像以马拉松和萨拉密斯的胜利为荣那样。所以，在这里，凭借这种辞格，他就能够使所有听众悠然神往了。不错，有人说，他的根苗得自欧波利斯的誓词：

> 不，我以我在马拉松的战斗为誓，
> 谁也不能安然无恙地烦扰我的心。[2]

然而，仅仅发一个庄严的誓并不算是雄浑的手法，还得顾及发誓的地点、情况、时机和动机。在欧波利斯，那不过是一句誓词而已，而且是正当国势兴隆无须振奋人心之时对雅典人说的。况且，诗人的誓词并没有说英雄们有若神明，永垂不朽，好让听众对于他们的美德有个正确的见解，反之，他不讲出生入死的人而只讲无生之物——战斗，可谓言不中肯。在狄摩西尼，他的誓词却是惨淡经营，务求适合战败者的情绪的，所以雅典人并不觉得开洛尼亚的败绩是一场大难；而这，我曾说过，同时是一个明证，指证他们没有错误，也是一个范例，一个信誓，一句颂词，一种鼓励。这位雄辩家预料到听众的异议："你讲的是你的政治主张所招致的败绩，你何以用胜利作誓词呢？"因此，他接着就逐字推敲，小心从事，教导我们"即使在狂热如醉之时也必头脑清醒"[3]。他说："在马拉松出生入死的人们，在萨拉密斯参加海战的人们，在布拉泰亚骈肩作战的人们。"他决不说"胜利的人们"，而始终巧妙地避免提及战争的结果，因为胜利是幸运的，而开洛尼亚之役则适得其反。所以，他先于听众一着，加上一句以渡过难关：

城邦举行了国葬，为所有的死者，埃斯尼斯啊，不仅是为那些胜利者而已。

第十七章

辞格与崇高

在这一论题，我认为不应遗漏了我的一个观点，亲爱的朋友，虽然我只能简略地一述。辞格乃是崇高风格的自然盟友，反过来又从这盟友取得惊人的助力。哪里呢，怎样呢？我将告诉你。滥用的辞格不免引起怀疑，使人觉得说者言不由衷，玩弄手段，大发谬论，尤其是当对无上权威的判官，甚或对僭主、王者或地位显赫的领袖说话的时候。如果巧言令色的雄辩家凭借修辞手段把他当作头脑简单的小孩来欺骗，他定必立刻发怒。他把你的诡辩看作对他个人的侮辱，有时会大发雷霆，即令他压下怒火，也会对你辞令的游说完全起反感。所以，唯有当听者不觉得你的辞格是个辞格时，那个辞格似乎最妙。

崇高的意境和热烈的感情对预防辞格引起怀疑大有帮助，

妙不可言。巧妙的修辞手段既稍为隐藏在美与崇高的光辉中，便不再显著，从而避免了一切怀疑。上文所述的"以曾在马拉松出生入死的英烈为誓"，就是很好的例子。在这例子里，雄辩家凭什么隐藏他的修辞手段呢？显然是凭它本身的光辉。就像在骄阳普照之下爝火无光，周围的崇高意境能隐藏雄辩家的诡谲。绘画中也有与此仿佛的现象。虽则色调的明暗并存于同一平面上，但鲜明的总是夺目，显得不但玲珑浮凸，而且的确近得多。辞令亦如此。热情而且崇高的话更接近我们的心灵，从而，半由于天然的引力，半由于词采的光辉，它往往先得你心，比辞格更使人注目，仿佛把它掩藏了。

第十八章

设　问

关于问答法[4]，我们要说些什么？那可不是靠辞格的塑造力使得语言更有劲更激动吗？狄摩西尼说：

> 告诉我，你们可不是想奔走相告，问有无消息吗？因为什么消息比一个马其顿人征服希腊更新奇呢？腓力死了吗？没有死，我的天，虽然他生病。这对你们有什么关系呢？不论他生死，你们自会立刻制造另一个腓力。[5]

又说：

> 让我们渡海到马其顿去吧。有人会问我：在哪里登陆

呢？战争自然会找出腓力的战略的弱点。[6]

这里，单纯的叙述便会完全显得无力了，现在这种灵感和一问一答的迅速变化，乃至他之回答自己有如回答别人那样，凭借这个辞格，使得他的话不但更崇高而且更有说服力。因为热情的词句，当仿佛不是说者有意为之而是从情境中产生时，更能感染人；而这种自问自答的方法却似乎是感情的自然流露。凡是受别人质问的人，往往为情势所迫，竭力答辩，而且真情流露；同样，这种问答的辞格也能引听众走入迷途，误认为每句惨淡经营的话都是仓促想起冲口而出的。再则，——因为希罗多德这段话曾被认为最崇高的一节……

（以下抄本缺两页）

第十九章

散　珠

……断断续续的句子，珠玑乱落，有如瀑流泻地，仿佛说者不假思索。色诺芬说：

以盾击盾，他们推进、战斗、厮杀、倒下。[7]

又如，欧律罗科斯的话：

我们来了，照你吩咐，穿过丛林，光荣的奥德修斯！我们看见建筑华丽的宫殿在林中的空地。[8]

这些句子不相连接，却显得更急速，使人有急管繁弦之感，既使步伐顿挫，而又驱之前进。诗人凭借"散珠格"[9]产生类似的效果。

第二十章

辞格的联用

几个这些辞格的联用往往能产生极其动人的效果：两三个辞格仿佛结成同盟，互助合作，以提供劲势，增加说服力和美。例如，在反梅狄亚斯的演讲中，散珠格同"复迭格"[10]和"示现格"[11]交织在一起：

> 攻击者可能做出许多事情，其中有些甚至是受辱者不可告人的——以他的姿势、以他的眼色、以他的声音。

于是，为了措辞不至流于千篇一律——因为单调是一潭死水，而热情则是心灵的剧烈骚动，需要秩序紊乱——他立刻进一步使用散珠格和复迭格：

> 以他的姿势、以他的眼色、以他的声音，当他好像要
> 侮辱你，当他好像敌人那样攻击你，当他用盾对付你，当
> 他对待你如对待奴隶。

这里，雄辩家像一个攻击者那样，一次又一次打击陪审
员的心灵，于是他再做一次进攻，宛若狂风猛刮，他说：

> 当他使用盾，当他批了你的颊，这一切会激恼、会气
> 狂那些不惯受侮辱的人们。在讲述这凌辱时，谁也不能产
> 生如此可怕的印象。[12]

所以，他变化万千，而始终保持着复迭格和散珠格的特
性，因此他的秩序是紊乱的，反之，他的紊乱却带有几分
秩序。

第二十一章

虚字的障碍

现在呢，如果你喜欢，你试加插连接词，像伊索克拉底及其弟子们的做法：

> 而且一个人也不应忽视这点，就是说，攻击者可能做出许多事情，首先以他的姿势，再则以他的眼色，再则以他的声音。

如果你逐字逐句这样添写下去，那么，即使你用连接词使句子流畅平滑，感情的奔放和粗豪也会瓦解，失掉它的刺激性了。正如你绑着赛跑者的躯体就使他们不能急走，同样，感情受这些连接词及其他加插的虚字所障碍，也会愤然反抗的。这将夺去了它的奔放之自由和炮击弩发的劲势。

第二十二章

倒　装

　　"倒装格"也可以放在这一范畴内。这个辞格颠倒措辞或思想的自然顺序，仿佛显出了最真实的强烈感情之特征。因为人在真正暴怒或恐惧，或为嫉妒或别的激情所困恼时——因为激情无数可计，罄竹难书——往往刚提出一点意思，便立刻奔入另一点，思理失常，语无伦次，然后又转回到出发点；在激动之中，宛若孤帆随风急转，他们的措辞和思想时而向东，时而向西，不断改换其格局，改自然的顺序为无穷的变化；同样，优秀的散文家凭借倒装格模仿自然，也获得同一功效。因为，技巧唯有在似乎是自然时才臻于完美，而自然唯有在含有不露痕迹的技巧时才得到成功。试以希罗多德所写的佛斯亚人狄奥尼修斯的话为例：

我们的事态如在刀锋上，[13]伊奥尼亚人啊，我们将做自由人呢，还是做奴隶、做逃亡的奴隶。所以，如果你们愿意忍受艰苦，目前你们就需要刻苦，但是你们一定能击败敌人。

这里，自然的顺序该是：

伊奥尼亚人啊，现在是你们忍受艰苦的时候了，因为我们的事态在刀锋上。

可是他移换了"伊奥尼亚人"的位置，而立刻从恐怖讲起，仿佛危机已在堂奥，他来不及先呼告听众。况且，他又颠倒了思想的顺序。他不说他们需要刻苦（这点却正是他的用意），却先指出他们何以必须刻苦的理由，说："我们的事态如在刀锋上"。所以，他的话不像是惨淡经营的，而是如鲠在咽，不吐不快。

修昔底德最善于运用倒装句法来割裂天衣无缝不可分离的思想。狄摩西尼虽然不像他那么任性，在运用此格时却漫无节制。他不但常常凭借倒装格以产生激情的印象，有时居然即席发言，而且拉着听众一起去冒冗长的倒装句的危险。因为他往往悬宕着他所急于欲说的思想，同时把一些无关的话一句一句推入当中，形成不伦不类的次序，使得听众担心他的思想陷于支离破碎，在兴奋之下就不得不同说者一起去冒险；于是，隔了许久，末了他突然及时地说出那期待很久的句子。所以他凭借倒装的险句，危言耸听，使人更加惊愕。例子举不胜举，我且住手吧。

第二十三章

变数：复数代单数

再则，句的排比，词的变化，语势的递进，那些所谓"变态"的修辞手段，[14] 你知道的，对于崇高的和热情的风格的修饰是很有力量的帮助。试想格、时、人称、数的转代能使文章多么丰富多彩、生动活泼啊！至于数，有些单数形式，当被细心听众发现它具有复数之功能时，这种用法就颇有修饰意义，例如：

> 立刻算不清的人群在沙滩上，喊道：鲔鱼！鲔鱼！[15]

而且更值得注意的是，复数名词听来更似豪言壮语，以数量之多而动人遐想。例如，索福克勒斯咏俄狄甫斯的诗句：

> 婚姻呀婚姻，
>
> 你生下我们，即使我们生存，
>
> 你播下我们的种子，又产生
>
> 父亲们，儿子们，兄弟们，血族之亲，
>
> 新妇们，妻子们，母亲们，众生芸芸，
>
> 最可怕的事情竟然在人间出现！[16]

　　所有这些名词不过指俄狄甫斯一人而已，另一些则指约卡斯塔，但是一旦展开为复数，也就显得否运之多。同样的"多化"方法也见于如下的句：

> 赫克托耳们和萨帕冬们都出来了。[17]

　　又如，我们在别处引证过，柏拉图之描写雅典人：

> 因为不是帕罗普部族、卡德谟斯部族、埃及部族、达纳俄斯部族，或者许许多多其他的蛮族同我们住在一起，此间我们是纯种的希腊人，不是半开化的种族。

　　这样把名词汇集成群，豪言壮语自然更耸人听闻。然而此法不宜滥用，除非是在主题需要或多或少的骄矜、富丽、夸饰或激情的场合，因为一片铃声铮钹，就未免太过自炫了。[18]

第二十四章

变数：单数代复数

反之，以单数代复数，有时也能产生极其崇高的印象。狄摩西尼说：

于是，整个伯罗奔尼撒四分五裂了。[19]

又如（希罗多德）：

当佛茹尼科斯写出了并且上演他的《米利都的沦陷》时，整个戏院都挥泪。[20]

这单数名词概括了许多个观众，使人有万众一心的印象。在这两个例子，藻饰的效果都由于同一原因。当名词应作单数时，突然以复数代单数，便显得热情磅礴；当应作复数时，把复数变为悦耳的单数，这相反的转变使人有喜出望外之感。

第二十五章

变时：现时代往时

再则，你如果介绍过去的事情宛若在目前发生，就使得你的话不像是平板的叙述而是生动的描写。色诺芬说：

有人跌倒在居鲁士马下，被马踩了，就用剑刺入马腹。马作人立之状，抛下居鲁士，他便倒下了。[21]

修昔底德常常使用此格。

第二十六章

变人称：诉诸听众

人称的转代[22]也有同样的生动印象，往往使听众如亲历其境，置身于危险之中：

你不妨说，他们不知疲倦（而彼此）在战场中厮杀，战斗得如此剧烈。[23]

又如，阿拉托斯：

在那个月份你别置身在四面海涛之中。[24]

希罗多德也是这样写法：

> 你可以从厄勒凡天城逆流而上，来到一片平坦的原野。你走过那个地方，再搭另一艘船，航行两天，便到了一个城市，名叫墨洛伊。[25]

你看见吗，朋友，他怎样掌握你的心，带你经过这些地方，使你的听觉变成视觉？所有这些话直接诉诸个人的观感，使得听众如亲历其境。当仿佛不是对众人而是对一人说话时，例如：

> 你不会知道提丢斯之子参加哪方作战。[26]

——如果你用诉诸个人的方法使他兴奋，你会令他更感动而且更注意。

第二十七章

变人称：直接叙述和直接呼告

再则，有时候作家在讲到他的一个人物时，突然离开话题，自己变成这个人物的身份，[27] 这种辞格表示一种热情爆发。

> 赫克托耳大叫一声，号召特洛伊人
> 赶快进攻航舰，放下血淋淋的掠夺品。
> "我看见谁远远离开战船站在那边，
> 我就当场置他于死地。"
> ......[28]

这里，诗人认为自己应当选择间接叙述法的，可是突然，不先表一句，便借那愤怒的将军的口吻说出威吓的话来。如果添上一句"赫克托耳如此这般说",就索然寡味了。其实,语气的突转预示了诗人身份的转变。当情势危急,不容作者拖延,强迫他立刻从一人变为另一人时,此格就用得着了。例如,赫卡泰俄斯[29]的一节:

刻于克斯觉得这太可恼了,立刻吩咐赫拉克勒斯的后人走开。"因为我不能帮助你们。所以你们别自寻死路而且损害我;去求别人吧。"

狄摩西尼在《阿里斯托革同》中以稍为不同的方式使用人称的转代[30]来显示感情的激变,他说:

你们中间难道就没有一个人,对于这个可恶的无耻之徒的暴行,动起义愤吗?他——啊!你最可恶的人!当你被闭拒于言论自由之外,不是用门,也不是用户,门户是可以打开的……

还未说完他的意思,他便突然一转,在愤慨中把一句话几乎好像分开来指两个人:"他——啊!你最可恶的人。"于是转过话头来讲阿里斯托革同,好像丢开(陪审员)[31]不理,而其实通过这种激情更直接地向他们呼吁。帕涅罗帕也是这样说:

侍从，这些高贵的求婚人何故派你来？
难道叫如神的奥德修斯那班婢女丢开
她们的工作不做，替他们把筵席安排？
但愿他们不再向我求婚，到别家招徕，
但愿今天是最后一次宴饮在我的阶台。
你们呀常常聚饮，浪费我们不少家财，
……当你们还是小孩，
你们完全没有听过父辈说的利害：
奥德修斯是何等人才！ [32]

第二十八章

婉　曲

　　婉曲之词[33]有助于崇高的风格，我想，没有人否认的。正如在音乐上所谓"助音"的修饰能使主题更为悦耳，所以婉曲之词往往与字面的原意相和，而构成更丰富的语气，尤其是当它不是浮夸难听而是和谐悦耳的时候。柏拉图的葬礼演讲的篇首就是充分的证据：

　　　　首先，我们事实上已经给予他们以应有的报酬，既有了报酬，他们现在可以踏上那命定的旅途，全体有全国送行，个人有亲友饯别。

　　　　这里，他称死亡为"命定的旅途"，称享得应有的葬礼为一种祖国全民的送行。他可不是以这番话使他的思想显得极其庄严吗？他把握着字面的原意，使之和谐悦耳，仿佛以他那婉辞的谐调笼罩着它。又如，色诺芬说：

> 你们认为劳苦乃是人生的幸福的向导，而且你们在心中藏着那最可贵的勇气之宝，因为你们喜欢受人赞美远甚于一切。[34]

他不说"你们甘愿劳苦"而说"你们认为劳苦乃是人生的幸福的向导"；以同一方法发挥了下文，他就在这赞美词中包括了一个雄伟的思想。再则，希罗多德那句无可比拟的妙语：

> 女神向那些劫掠她庙宇的西徐亚人降下女性化的疾病。[35]

第二十九章

婉曲不可滥用

然而，那是行险侥幸的事情，婉曲之险比任何别的辞格尤甚，除非是恰到好处。因为婉曲容易陷于柔弱无力，带有废话和愚钝的味道。所以有人揶揄柏拉图（因为他时时善于使用辞格，即使用得不合理），他在《法律篇》中说：

我们不容许银的或金的财神立足在我们的城市，定居于其中。

他们说，如果他的意思是禁止人占有牛羊，他应该更清楚地说"羊的和牛的财富"。

然而，亲爱的特伦天，我这离题的话足以说明如何使用修辞格为崇高的因素了。它们都有助于使演讲词热情奔放、慷慨激昂。而热情之在崇高风格，正如性格刻画之在柔美辞章。[36]

第四篇

措辞论

第三十章

绪　论

　　因为演讲词的思想与措辞往往互相阐明，现在我们进而探讨：还有哪些措辞的因素需要论述。至于选择恰当和壮丽的辞藻可以有惊人的效果，既能吸引又能感染听众，而这是所有雄辩家和散文家的主要目的，因为它本身能使风格雄浑，绮丽，古雅[1]，庄严，劲健，有力，授给它一种魅力，有若最美的铜像上的古色古香，仿佛赋予这些作品一颗能解语的心灵——对像你那样博雅之士解释这点，似乎是多余的话了；真的，华丽的辞藻就是思想的光辉。然而，辞藻的雄伟不是在任何场合都合适的：一个琐屑的问题用富丽堂皇的辞藻来装饰，不啻给幼稚的小孩戴上悲剧的面具。然而，在诗歌和历（史）……

　　（以下抄本缺四页）

第三十一章

俗　语

……是最有效果而发人深省的，例如，阿那克里翁的诗句：

> 我不再理睬那个色雷斯的小雌马。[2]

同样，忒奥庞坡斯那句话虽然不大值得激赏，我觉得它因含有比喻却是意味深长的，可是凯齐留斯不知何故指摘它。他说：

> 腓力有惊人的胃口，能吞下许多事情。[3]

所以，一句俗语有时比文雅的话更有启发性。它取自一般生活，使人立刻明白，熟识的东西更有说服力呵。用于一个为了贪得的野心而乐于忍受卑鄙可耻之事的人，"吞下许多事情"这句话是再生动不过的。希罗多德的话也有同样的效果：

> 克列奥涅斯发狂了，用一把匕首把自己的肉割成一块块，既把自己剁成肉酱，便死掉了。
>
> 皮提斯这样在船上战斗，直到他整个人被宰光。[4]

这些句子差不多近乎俗话了，可是因为意味深长，就不觉得庸俗。

第三十二章

隐　喻

　　至于隐喻可以用几个，凯齐留斯似乎赞成有些人所规定的用法，只用两个或最多三个。关于这些问题，狄摩西尼也足以为范。他用隐喻的适当机会，是在热情有如春潮暴涨，不免带着许多隐喻一起流逝的场合。他说：

　　　卑鄙龌龊阿谀奉承的人们，他们个个残害祖国，举杯祝饮，把自己先献给腓力，再献给亚历山大；他们以口腹之惠，以最可耻的食欲来衡量幸福，完全推翻了自由和那不屈于暴政的决心，而这些在古代希腊人看来乃是善行的规范和准绳。[5]

这里，雄辩家对卖国贼的愤慨，掩盖了隐喻的数量。

因此，亚里士多德和忒奥发拉斯托斯说，大胆的隐喻是可以缓和的，只要加上"正如"或"仿佛"，"假如可以说"或"姑且说句险话"等。他们说，这种谦逊之词可以减轻语气的莽撞。这点我能接受，然而，像我论述辞格时也曾说过，我认为过多大胆的隐喻之解药在于适情应境的强烈感情和真正的崇高意境。这些因素凭借其激流急湍的劲势，自然而然横扫一切，推之向前，况且它们根本需要大胆的比喻作为其要素，所以使得听众不暇考虑其隐喻之众多，因为他对说者的热情发生共鸣。

况且，在平凡的主题和描写的文章中，也再没有比一连串彼此接续的隐喻更富于表情的了。凭借此法，色诺芬把人体的构造描写得如此壮丽，把柏拉图描写得更为神妙。他称头为躯壳的城堡，颈为建筑在头与胸之间的地峡；他说，脊椎镶在颈下好像枢纽；快乐是诱人作歹的饵；舌头是味道的试石；心脏是静脉的结节、血液迅速循环的源泉，它驻守在肉体的守卫室里；他称血液的通路为狭道，又说：

> 心脏在料想到危险和激情发生时因兴奋而跳动，因为是受热；神就给它设计，安放了肺脏，肺柔软，无血。多孔，好像一个垫子，所以当激情在心里沸腾时，心就靠在这软垫上跳动，不会受伤。

他把情欲之所在比拟为妇女的闺房，愤怒之所在比拟为男子的居室。再则，脾脏是内脏的揩布，"充满了排泄物，便胀大而发臭"。又说，"然后，神用肌肉覆盖着一切，好像一张毡子，以防外界的侵害"。他称血液为肉体的饲料，说：

> 为了补养，血液灌溉着全身，好像在花园里掘水道，所以身体仿佛一条通渠，有许多狭窄的水道，血液可以畅流，有如发自源泉。

末了，他说："灵魂之离开躯壳，有如船之解缆而获得自由。"这些和无数类似的例子，随拾即是。我们所举的例子，足以证明：比喻的辞藻在本质上是雄伟的，隐喻有助于崇高的意境，况且热情的和描写的文章最是欢迎它们。

然而，比喻的使用，正如风格的其余一切美饰那样，往往引诱人趋于过度，这是显而易见的，用不着我多说。人们对柏拉图的指摘最多的，就是在这些章节，为的是他往往因陶醉于自己的话，而至沉迷于过多而草率的隐喻，沉迷于讽喻的浮夸。他说：

> 这点不容易领会——一个城邦需要像调酒杯那样混合酒水，如狂的酒倾下去，沸腾起来，可是受到别的清醒的神灵惩罚，而且找到了好的同伴，就构成了美好的、醇味

的饮料。[6]

批评者说，称水为"清醒的神灵"，称调酒为"惩罚"，那绝不是清醒的诗人的话。

凯齐留斯也着手干预这类的缺点，他在这篇赞美吕西阿斯的文章中，居然敢于宣称吕西阿斯在各方面都比柏拉图高明，可是他受了两种未加批判的感情支配：他爱吕西阿斯甚于爱自己，而他憎柏拉图却远甚于爱吕西阿斯。然而，他蔽于偏见；甚至他的前提也不是像他所想象的那样人人都接受。他宁取这位雄辩家，因为他是白璧无瑕，而柏拉图则缺点累累。而事实却不是如此，远不是如此。

第三十三章

天才的瑕疵与平庸的完美

　　试想，我们拿一些十全十美无瑕可指的作家为例。关于
这点，难道不值得提出那个一般性的问题：在诗和散文中，哪
样是更好些呢，带有小瑕疵的崇高之作，还是才情中庸但是四
平八稳无瑕可指的作品？再则，在文学中，首位究竟应归诸最
多的优点还是最大的优点？这些问题都与崇高的探讨有关，而
且无论如何是需要解决的。我知道，最伟大的才华决不是十全
十美的。十全十美的精细容易陷于琐屑；伟大的文章，正如巨
大的财富，不免偶有疏忽。低能或平庸的才情，因为从来不敢
冒险，永不好高骛远，多半也不犯过失，最为稳健，而伟大的
才情却因其伟大所以危险——这也许是理所当然的。其次，我
也深知，人之常情往往从坏方面看人间的事情，稍有过失则永

留不可磨灭的印象，而美妙之处却很快被人忘记。我自己也曾注意到荷马和其他伟大作家的不少过失，虽则我当然不喜欢这些败笔，我还是要称之为无心的疏忽而不称之为有意的错误，那是由于伟大天才偶然随便的失察而招致的。

虽然如此，我还认为，这些伟大的优点，即使不是处处达到一样水平，也应常常获得首选，哪怕是只为其精神的伟大，不是为别的理由。譬如，阿波罗尼奥斯，就其《阿尔戈远航记》而论，[7] 是一个无疵的诗人；忒奥克里托斯，除了一些无关宏旨的缺点以外，在牧歌方面是最成功的。难道你就宁可做阿波罗尼奥斯而不做荷马吗？难道厄拉托斯提尼凭他的《伊里戈涅》[8]（一首毫无缺点的小诗）就比散漫如激流横溢的阿奇罗科斯，比灵感袭来不可羁縻的豪迈才情，是更伟大的诗人？再则，难道你在抒情诗方面宁取巴库利德斯[9]而不取品达，在悲剧方面宁取奇奥斯底伊翁[10]而不取——我的天！——索福克勒斯吗？前两位诗人是无瑕可指的，其风格的流畅可谓妙绝，反之，品达和索福克勒斯有时如野火燎原，席卷一切，但往往突然烟消火灭，陷于平平无奇。然而，凡是有见识的人，都不愿拿《俄狄甫斯王》这一出剧来换取奇奥斯底伊翁的一系列作品。

第三十四章

许帕里德斯与狄摩西尼

　　如果判断作品是否成功，你仅凭其优点的数量而不凭其伟大，那么许帕里德斯就完全胜过狄摩西尼。他有更多的音响和更多的优点，像五项竞技的胜利者几乎项项都得了亚军，[11]不错，他在各项竞技都落于老手之后，但总是居于新手之前。况且，许帕里德斯模仿狄摩西尼的一切优点，只除了他的格局，此外还包含了吕西阿斯的优点和文饰，在必要时他说话平易近人，不像狄摩西尼那样单调地铺陈各点，他有刻画性格的本领，况且——我的天！——说得那么清楚、那么香甜，他有无数的机智、文雅的讽刺、风雅的修养、绝妙的反语、既非无趣又非不雅的笑话，尽合乎阿提刻派的风味，还有聪明的嘲弄，许多诙谐、尖锐、有的放矢的讽刺，这一切堪称不可比拟的魔力。他天生最善于动人怜悯，善于流畅地讲述故事，以其善变的心灵讲完它，而且尽迂回曲折之能事，例如，他关于丽都的故事是最富有诗意的，他的葬礼演讲是不可超越的炫才之作；反之，狄摩西尼既无刻画性格之才，又无流畅的风格，绝不善变，又不炫才，一般地说，上述一切优点都没有他的份儿。当他不得不说句笑话或卖弄聪明时，他与其是笑人毋宁是自笑，当他想接近媚人的效果时，反而去之甚远。假如他试写一篇短小精悍的演讲词论及佛吕涅或阿提诺革尼斯，他反而比许帕里德斯逊色。

然而，我总觉得，许帕里德斯的美妙之处虽然很多，却缺少雄浑的美；他的话发自清醒的心，软弱无力，不能感动听众，从没有人读许帕里德斯时会感到惊心动魄的。但是狄摩西尼一旦"抓着话题"[12]，便显出伟大才华登峰造极的优点：崇高的格调，生动的热情，丰富，敏感，恰到好处的迅速，使人望尘莫及的劲势和力量，并且集中了一切堪称神授的（称为人性的就不敬了）奇妙的品赋在自己身上，从而以他所独有的优点往往战胜所有对手，仿佛为了补救他所没有的优点，他以迅雷急电之势打倒世世代代的雄辩家。真的，你宁可睁开眼睛看着雷霆轰击，而不愿注视着他那不断爆发的激情。

第三十五章

崇高的境界

　　至于柏拉图，我曾讲过，他的优点就不同了。[13] 吕西阿斯
不论在优点的广度和数量上都远逊于他，其缺点之超过柏拉
图，甚于其优点之不逮。那么，这些如神的作家力求写出最伟
大的作品，而轻视每一细节的精确，他们心目中有何感想呢？
别的不说，其中的一点是：天之生人，不是要我们做卑鄙下流
的动物；它带我们到生活中来，到森罗万象的宇宙中来，仿佛
引我们去参加盛会，要我们做造化万物的观光者，做追求荣
誉的竞赛者，所以它一开始便在我们的心灵中植下一种不可抵
抗的热情——对一切伟大的、比我们更神圣的事物的渴望。所
以，对于人类的观照和思想所及的范围，整个宇宙也不够宽
广，我们的思想往往超过周围的界限。你试环视你四周的生

活，看见万物的丰富、雄伟、美丽是多么惊人，你便立刻明白人生的目的究竟何在。所以，在本能的指导下，我们绝不会赞叹小小的溪流，哪怕它们是多么清澈而且有用，我们要赞叹尼罗河、多瑙河、莱茵河，甚或海洋。我们自己点燃的爝火虽然永远保持它那明亮的光辉，我们却不会惊叹它甚于惊叹天上的星光，尽管它们常常是黯然无光的；我们也不会认为它比埃特纳火山口更值得赞叹，火山在爆发时从地底抛出巨石和整个山丘，有时候还流下大地所产生的净火的河流。关于这一切，我只需说，有用的和必需的东西在人看来并非难得，唯有非常的事物才往往引起我们惊叹。

第三十六章

天才与技巧

　　所以，讲到文学上的崇高天才，他们的伟大绝不是于人无用和无益的，[14] 我们须首先提出一个结论，此等人虽则绝不是白璧无瑕，却毕竟是超乎常人之上。在别的方面可以证明这些天才无异于常人，但崇高却把他们提到近乎神的伟大心灵的境界。无过可免受指摘，而唯独崇高博得赞叹。更不用说：这些伟大人物每个都往往能以崇高的和成功的一笔挽救其所有的败笔；而最重要的是，假如你挑出荷马、狄摩西尼、柏拉图以及其他最伟大作家的败笔，集合起来，你会发现它们为数极少，比起在这些大师的一切作品中所发现的优点，真是不及毫厘。因此，千秋百世的评衡——那绝不是嫉妒心所能指摘其不当的——曾授予他们以胜利的桂冠，至今还维护它，不容侵犯，似乎使之永垂不朽。

　　　　只要江水长流，乔木长青。[15]

　　或谓有缺点的巨像不比波吕克利托斯的"荷枪人"[16] 更好，对这种主张显然可以有许多答复。在技巧我们赞美精确，在自然则赞美雄伟，然而人的文艺才能却是自然所赋予。我们固然要求人像须像人，但在文学上，我曾说过，则要求一点超人的因素。然而，且回到我们那论文的首篇所提示的原理上来，[17] 毫无错误的精确这一优点多半依靠技巧，而崇高，哪怕不是始终一贯，则有赖于崇高天才。所以，在一切场合都应该以技巧来帮助天然。这两者的结合大抵能达到尽善尽美。对我们所提的问题下个定论，我这番话是必须说的。然而，人各有所好，不必勉强。

第三十七章

隐　喻

再讲隐喻吧，比喻和明喻都同它十分近似，唯一的区别是……

（以下抄本缺两页）

第三十八章

夸 饰

……这些夸饰，例如：

"如果你带着的不是在脚下践踏的头脑"。所以，必须知道怎样在一切场合画下界线。有时因为超过极限而破坏了夸饰，凡物紧张过度则必松弛，往往产生与始料相反的后果。伊索克拉底陷于不知所谓的幼稚病，就是由于他爱把一切事物夸大的野心。他的《颂词》的主题是：雅典城邦为希腊造福远胜过斯巴达。可是他一开始便提出这样的命题：

因为语言具有一种能力，能使伟大的事物显得卑鄙，赋予渺小的事物以伟大品质，把陈旧的事情说成崭新，把新近的遭遇说成古远。[18]

有人会问："怎样呢，伊索克拉底，难道你打算这样颠倒斯巴达人和雅典人的事实吗？"因为他这段赞美语言的话，使得他的序词差不多等于一个警告，叫听众不要相信他。像我们在上文关于辞格也曾说过，最妙的夸饰，无疑是使人不觉得它是夸饰的那种。这种夸饰往往发生在热情磅礴、随机应变的场合，例如，修昔底德讲到在西西里牺牲的人们，写道：

> 叙拉古人走下河边，开始屠杀那些主要是在河里的人们，水立刻被污染了，可是他们还是要饮，虽则水混着泥浆和血污，许多人为了争饮甚至打起架来。[19]

说血污和泥浆的饮料尚且值得斗殴争取，唯有在热情磅礴和随机应变的场合才令人相信。又如，希罗多德关于德摩比利战士们的描写，也是如此：

> 在这个地方，当他们用匕首，如果还有匕首的话，又用手用牙来自卫时，波斯人就掷石来活埋他们。[20]

这里你会问，怎能用牙齿同披甲的敌人战斗呢，又怎能掷石把他们活埋？虽然如此，这句话仍能相信。因为希罗多德不像是为了夸饰而提出事实，这夸饰却像是事实的合情合理的产物。我曾再三说过，一切险句的解药和万验良方，在于那些几乎使人心荡神驰的行为和热情。所以，甚至喜剧的诙谐，即令走到荒唐的极端，因为可笑，也就可信可喜。

"他的田地比斯巴达人的书信还短小。"不错，笑乃是一种以快感为基础的情操。夸饰可以是夸大，也可以是夸小；言过其实是这两种夸饰共有的特征；而讽刺就是一种对渺小的夸大。

第五篇

结构论

第三十九章

音　律

在篇首所列举的崇高的组成因素中，[1]我的良友，第五个因素，即词句依次序的安排，尚未论述。关于这个问题，我曾在两篇论文中充分地发挥了我所能达到的一系列结论，为了目前的目的，我只需添上一句：对于人，音律的和谐不仅是进行说服和引起快感的天然的工具，而且是做出壮语和表达感情的奇妙的工具。譬如，笛可不是能授予听者一些感情，似乎要使他们悠然神往、如醉如狂吗？它可不是定立一种有节奏的步伐，驱使听者按节奏踏步，他不得不配合它的调子吗？哪怕他全无音乐的修养。不错，琴音本身是毫无意义的，但是凭借声音的变化，凭借彼此协调的搏动和彼此和谐的混合，你晓得的，往往能产生奇妙的魔力。然而，这一切不过是语言说服力的冒充的假象和模仿罢了，绝不是像我所说的发乎人情的冲动。

那么，我们岂能不说：文章，它既是语言的谐律，而这种语言是天赋予人的，不但能达到人的耳朵，而且能打动人的心灵，激发了各式各样的辞藻、思想、行为、美饰、曲调，这一切都是我们生而具有的或培养而成的。同时，凭借其声音的混合与变化，把说者的感情灌输到旁听者的心中，引起听众的同感，而且凭借词句的组织，建立了一个雄伟的结构——凭借这些方法，它不就能把我们迷住，往往立刻驱使我们向往于一切壮丽的、尊严的、崇高的事物和它们所包罗的万象，从而完全支配着我们的心情吗？然而，对这些人人同意的事实还要提出问题，那似乎有点疯了，因为我们的经验就是充分的证明。

然而，狄摩西尼所授予他的"法令"的那个思想，显得十分崇高而且真的惊人：

　　　　这一纸法令使得当时笼罩着全城的危机过去了，宛如云散。[2]

但是这句子的悦耳，不但由于它的思想，且亦由于它的音律，因为它完全依赖长短短格（—∨∨）来表达，这格是最高雅的节奏，因而造成雄浑的气象，所以"英雄格律"，这种最美的格律，是用长短短格组成的。如果你随意更动它的原来的位置——"这一纸法令，宛如云散，使得当时的危机过去了"——或者只要你割去一个音节——"使得它过去了,如云散",你便明白音律如何与崇高感不可分离。因为"宛如云散"一语的效果全靠其第一个音步,这音步是长音步,含有四拍。[3] 只需取去一个音节——"如云散"——一旦割短,便立刻破坏了崇高感。反之,如果你拖长它——"使得它过去了,宛如同云散",意思是一样的,可是诉诸耳朵就不一样了;因为拖长了末尾几个音节,崇高的句子就显得无力而松弛。

第四十章

结　构

在使文章达到崇高的诸因素中，最主要的因素莫如各部分彼此配合的结构。正如在人体，没有一个部分可以离开其他部分而独自有其价值的，但是所有部分彼此配合则构成了一个尽善尽美的有机体。同样，假如雄伟的成分彼此分离，各散东西，崇高感也就烟消云散；但是假如它们结合成一体，而且以调和的音律予以约束，这样形成了一个圆满的环，便产生美妙的声音。在这种圆满的句子中，雄浑感几乎全靠许多部分的贡献。然而，我们曾充分地阐明，许多散文家和诗人，虽则没有崇高的品赋，甚或绝无雄伟的才华，而且多半是使用一般的通俗的词，而这些词也没有什么不平凡的意义，可是单凭文章的结构和字句的调和，便产生尊严、卓越、不同凡响的印象。例如，在许多作家中，这种榜样是斐利斯托斯[4]，有时候是阿里斯托芬，而常常是欧里庇得斯。在他的孩子们被杀之后，赫拉克勒斯说：

> 我载满了灾难，再没有容纳更多灾难的余地了。[5]

这句话是极其通俗的，但是因为塑造得合乎比例，[6]便显得崇高。如果你把这句子改成另一种结构，你便明白，欧里庇得斯所以是诗人，与其说靠他的思想，毋宁是靠他的结构方法。讲到狄尔刻被牡牛拖走时，他说：

> 他在什么地方
> 偶然打了转，他就抓住、拖住不放
> 这女人，顽石，橡树，变幻无常。[7]

这个意思是绝妙的，因为它的节奏不像踏着小轮匆匆前进，所以更有力量；反之，词彼此互助，还有音顿支持，就达到稳定的壮丽意境。

第四十一章

繁　声

　　削弱崇高篇章的效果的，莫过于柔弱动摇的节奏了，例如，短短格（∨∨），长短格（—∨），长短长短格（—∨—∨），此等格完全落于舞乐的水平。凡是节奏繁缛的篇章有庸脂俗粉之感，音律单调则浮浅而缺乏热情。况且，最坏的是：正如抒情小调[8]转移观众对剧情的注意，迫使他们倾听曲调，所以节奏繁缛的篇章给予听众的印象，不是语言的热情，而是节奏的情感，所以有时候听众自己会预料到应当的结束，用脚打着拍子，占了说者的上风，好像在舞蹈那样踏起步来。有些篇章太过压缩，太过紧凑，支离破碎，音节短促，好像用钉子潦潦草草拼合起来，此种篇章也缺乏雄浑感。

第四十二章

陋　句

　　过于紧凑也会降低崇高感。压缩太紧就破坏了雄浑。须知，我不是指应当的压缩，而是指极其简陋，支离破碎的章句。因为简陋便害义，精练则中肯。反之，显然，冗长则毫无生气，不合宜的长度使文章显得松散。

第四十三章

琐　词

辞藻的猥琐，也大为贬抑雄浑。例如，希罗多德描写海上风暴，[9]就其内容来说，是写得出神入化的，但是，天晓得，其中却有些有失尊严的字眼，譬如说，"吱吱声的海"，"吱吱声"这个词大有损于崇高，因为音调不美；尤为甚者，他说："风累了"，于是"抓住破船的人们等待着不愉快的结局"。"累了"此字太俗，有失高雅。"不愉快的"也不切合如此恐怖的灾难。同样，忒奥庞坡斯富丽堂皇地描写了波斯王远征埃及之后，却用一些猥琐的字眼破坏了整个效果：

哪个城邦，哪个亚洲民族不派遣使者觐见波斯大帝呢？什么美饰和珍宝，不论土地出产的或人工精制的，不带来进贡给大帝呢？可不是有许多贵重的衾被和袍衣，有的紫红，有的五彩，有的雪白；许多金碧辉煌的华盖，还配备了一切必需的东西；许多长裙的礼服和贵重的卧榻吗？再则，还有金盘、银器、玉杯、酒盏，你会看见，有些是精雕细镂，珠光宝气。此外，还有成千累万不可胜数的武器，有些是希腊的，有些是蛮族的；驮载的牲口无数可计，祭献的牛羊肥而可宰；还有车载斗量的香料，许多个包，许多个袋，许多瓦壶，都装满了葱蒜和一切其他日用食品；各种各样的腌肉贮藏得那么多，堆积得那么高，所以从远处走来的人会以为是山丘横在面前。

他从崇高的意境突然降落到卑下的境界，他应该相反地愈升愈高的。[10] 然而，在这节关于全部装备的惊人的描写当中，他却掺杂了包、香料、袋，使人有如入厨下之感。设使在这富丽堂皇的陈列中，有人带来了包包袋袋，放在金盘、玉盏、银器、纯金的华盖、宴饮的爵杯之间——这行为可不是大煞风景吗？同样，鸡毛蒜皮的字眼，用得不合时宜，乃是文辞之耻，有如污辱的烙印。对于他所谓堆积如山的食物和全部的装备，他大可以做概括的描写，这样改动一下措辞："骆驼和一群驮兽，载满了奢侈的和宴会的用品。"或者称之为"一堆堆各种谷物以及嘉肴美酒和豪华享受的一切资助"，或者如果作者决意不论如何绝不含糊其词，他也不妨说"酒师和名厨所知道的一切佳味"。

所以，在崇高的篇章，你不应降低格调，流于卑鄙龌龊，除非是迫不得已，但是正当的途径，是务使你的语言配得上主题的庄严，所以要效法自然——那位创造人类的巨匠，自然并不公开暴露我们身上不雅的部分，也不暴露那些澄清我们身上污秽的手段，而尽可能把它们隐藏起来，正如色诺芬所说，把它们的渠道放在最僻远的地方，以免辱没整个生灵的美。

然而，我无须分类列举一切降低风格的原因。我们既已阐明了造成高尚意境和崇高风格的诸因，就显而易见，一切相反的原因一般都使得风格猥琐而不雅。

第六篇

感情论 [1]

第四十四章

文学与社会生活

亲爱的特伦天，还有一个问题有待于阐明，因为你如此好学，我再不迟疑要对你陈述。最近有位哲学家向我询及这个问题，他说："我觉得奇怪，无疑许多人也觉得的，当今这时代固然颇有些人才，他们极有说服力和政治才能，聪明而又多能，尤其富于文学的感染力，可是为什么真正崇高的和极其伟大的天才，除了绝少的例外，如今却没有出现呢？举世茫茫，众生芸芸，唯独无伟大的文学。难道我真的要相信人们的老生常谈，据说，民主制度是伟大天才的好保姆，卓越的文才一般是与民主同盛衰的吗？据说，自由能培养有能者的智力，感发他们的高尚的希望，彼此竞争的精神和争取高位的雄心随着自由而展开，况且，由于共和国给人人以奖励，演讲家的智力不断因锻炼得到磨砺，仿佛磨得发亮，当时就与照耀国家大事的自由共放光辉。然而，在今日我们好像从童年便受到社会的奴性教育，不但从我们心灵还是幼稚时便在风俗习惯的襁褓中培养，而且我们从未尝过辩才的最美好最丰富的源泉——自由。所以我们没有表现什么天才，只有谄媚之才。"他又断言，虽然奴隶偶或有其他才能，但奴隶中却没有一人能成为演讲家，其原因就在于此。因为言论不自由和惯于挨打的囚徒之感，往往在奴隶的心中浮现。真如荷马所说，"一旦为奴，就失掉一半人的价值"[2]。他又说："所以，假如我所闻是实，那些豢养所谓侏儒或矮子的铁笼，不但阻碍被囚者的成长，而且，由于压抑其肉体的桎梏，他甚至日渐变得短小；[3]同样，任何奴隶状态，不论它如何合理，都可以比作心灵的铁笼，人人的监狱。"

然而，我针对他的话答道："我的良友，常常挑剔当前的现实是十分容易的，也是人情之常。然而，可以考虑一下，天才的败坏也许不应归咎于天下太平，而是更应归咎于我们内心的无穷无尽的祸乱，尤其是那些今日占据着蹂躏着我们生活的利欲。因为利欲是我们今日人人都受其害的痼病，况且奢欲奴役着我们，不妨说，陷我们的身心于深渊中。爱金钱是一种使人萎靡不振的疾病，爱享乐又是最卑鄙龌龊的。真的，我考虑过了，却找不出挽救之法：假如我们这样重视无限的财富，说句真话，竟敬之如神，我们怎能够拒绝那些与利欲共生的罪恶闯入我们的心扉呢？'挥霍'总是追随着'傲慢的巨富'，真所谓'亦步亦趋';他一旦开了城邦或人家的大门，她便立刻进去，同他共居了。他们一旦在我们生活中逗留下来，便如诗哲们所说，'彻彼桑土，绸缪牖户'，不久就生育起来，生下'浮夸''虚荣''奢侈'，并非庶出而是嫡亲的儿女。如果让财富的儿女长大成人，他们就很快在我们心灵中产生那些残忍的暴君：'骄横''枉法''无耻'。这必然会发生的，于是人再也不向上看了，再也不关心自己的名誉，生活的堕落在恶性循环中逐步完成，他们灵魂中的伟大品质开始衰退，凋萎而枯槁，因为他们只重视必腐必朽的肉体，却不珍惜不朽的灵魂的发展。一个受贿断案的判官，再也不能对公正清廉的行为做出正直无私的判断，因为受贿者必然从自己的利益来看公正清廉的事情；既然今日我们每个人毕生都受贿赂支配，猎索人家的死亡，埋伏以伺人家的遗产，为了牟利不论代价出卖自己的灵魂，我们人人都做了（奢欲）[4]的奴隶，在这样如时疫风行的生活堕落中，我们又安能希望尚有一个不偏不倚不受贿赂的判官，来评判一切伟大的、永垂不朽的事物，而他却不曾被贪得无厌的利欲所败坏呢？唉，我生怕，像我们这种人，受人奴役倒比获得自由更好些。如果我们完全获得自由，我们会像越狱的囚徒那样行为，我们垂涎邻家财物的贪欲将如洪水泛滥，流毒于全世界了。""总而言之，我说，今日的人心所以耗损殆尽，全是由于心灵的冷漠，除了少数人外，大家都在冷漠中虚度一生，既不奋发有为，又无雄心壮志，除非是为了博人赞美和追求享乐，但永不是出于热情的和高尚的动机造福世人。"

"这个问题最好是听其自然"[5]，且顺序转到另一问题上吧，那是关于热情的问题，我以前曾许下另一篇文章来讨论它，因为我觉得这问题一般地涉及文学，尤其是涉及崇高……

（以下原稿已散失）

注释

第一篇

1　原稿没有分篇，各章也无标题，译者依照内容将全文分为六篇，并给每篇、章加了标题，以便阅读。——编者

2　特伦天，不见于典籍，大概是作者的弟子。

3　凯齐留斯，西西里修辞学者，犹太教徒，于奥古斯都时代曾在罗马讲学。

4　"乐善与爱真"，据说是毕达哥拉斯或狄摩西尼所说。

5　狄摩西尼：《阿里斯托克拉德》，113 节。

6　埃斯库罗斯：《奥里提雅》，此剧已逸。

7　不见于引证中，可能是在逸稿里。

8　高尔吉亚（公元前 483—前 375），西西里的诡辩家。

9　卡利斯提尼，公元前 4 世纪历史学家。

10　克雷塔科斯，亚历山大的历史学家。

11　安斐克拉提，公元前 1 世纪雅典人；赫革西亚斯，公元前 3 世纪墨革涅西亚人；马特里斯，公元前 2 世纪底比斯人——都是浮夸的"亚细亚派"雄辩家。

12　原文为"如酒神祭者的陶醉"，此处译文是意译。

13　这里原文是指"拘泥的本体"，但按本章及下章所论，作者其实是说"想入非非的毛病"。

14　忒奥多洛斯，公元前 1 世纪加达连的修辞学者。"乞灵于酒神杖"，原意是酒神杖用得不合时。古希腊酒神祭时，与祭者持饰以葡萄叶的杖游行，酩酊大醉，放喉高歌。一个诗人如果在不应纵情时而纵情，那就好像酒神祭者的佯狂佯醉了。

15　提迈奥斯，公元前 4 世纪末西西里修辞学者。

16　提迈奥斯卖弄小聪明，借同声的字用双关意思。雅典人在远征西西里之前，发生有人摧毁赫耳墨斯神像的事件，古人迷信，认为雅典人在西西里大败是因为不敬神，提迈奥斯利用"赫耳墨斯""赫尔谟克拉提"两个名词的首音节相同。作者朗吉弩斯戏拟他的方法。"狄奥"即"宙斯"的生格，狄奥尼修斯是叙拉古的僭主，狄奥是他的亲族长辈，当狄奥尼修斯继父位时，年幼，狄奥拟篡夺其位，后来终于借用斯巴达人（赫拉克勒斯子孙）的兵力推翻狄奥尼修斯，狄奥遂为叙拉古僭主。

17　西俗，婚礼后第三天是"揭罩日"，为新娘揭面罩。

18　柏拉图：《法律篇》卷五，741。

19　柏拉图：《法律篇》卷六，778，意谓拆除城墙。

20　象喻的词采是以语言的意象喻物，如明喻、隐喻等，声喻的词采是以语言的音律喻物，如下第十章讲荷马写海上风暴的手法。

21　荷马：《奥德赛》卷九，315～316 行。

第二篇

1　"崇高的天才"，照本篇的含义，就是"能作庄严伟大的思想"，崇高的第一个因素。

2　埃阿斯，荷马诗中的伟大英雄，相传他和奥德修斯争夺阿喀琉斯死后的遗甲，不胜，含恨而死。后来，奥德修斯招请冥土的亡魂，埃阿斯在死灵中出现，却仍旧恨未消，含怒不语。奥德修斯深悔昔日争甲之事。（见《奥德赛》卷十一，543～567 行。）

3　"据说，巴尔墨尼奥曾对亚历山大说，假如他是亚历山大的话，他会满意，就接受这些条件，结束战争，不再冒险；亚历山大答道，如果他是巴尔墨尼奥的话，他自己也许会这样做。"（见阿里安《亚历山大传》卷二，第 25 章。）

4　朗吉弩斯这句话，前半是在逸稿中，但显然是指荷马描写"斗争"的两行诗："她初时不过是稍露一点威风而已，可是不久她便昂头天外，脚踏大地。"（《伊利亚特》卷四，442～443 行。）

5　《赫拉克勒斯之盾》267 行，此诗相传是赫西奥德所作，但不可靠。

6　荷马：《伊利亚特》卷五，770～772 行。

7　荷马：《伊利亚特》，引证有些混乱，第一行是卷二十一的 388 行与卷五的 750 行合并；其余是卷二十，61～65 行。

8　埃斯库罗斯已逸的诗句，古代常常引用。

9　荷马：《伊利亚特》卷十三，18 行；卷二十，60 行；卷十三，19，27～29 行，拼凑成的。

10　引用《圣经·旧约·创世纪》第一章的大意。

11　荷马：《伊利亚特》卷十七，645～647 行。

12　荷马：《伊利亚特》卷十五，605～607 行。

13 括号内的话，意思重复，显然是后世的窜乱。

14 荷马：《奥德赛》卷三，102~113行，涅斯托尔叙述特洛伊的事迹。

15 荷马：《奥德赛》卷十，写风神埃奥罗斯用酒皮袋替奥德修斯装着逆风，可是舟子们不慎，把逆风放了；同卷写女妖用酒灌醉了奥德修斯的同伴们，使他们变成动物。卷十二63行讲及鸽子抚育宙斯的事，同卷卷末写奥德修斯遇难，泗水十日不食，卷二十二写奥德修斯复仇，杀死所有向他妻子求婚的人。这些事迹，不是神话便是夸张失实的描写。

16 古希腊人相信，一切的梦都是宙斯派遣来的，梦似的神话虽然是动人的，但是比之现实生活的描写，就显得无聊了。这是朗吉弩斯时代的现实主义观点，他们否定浪漫主义的虚构。

17 指普洛孔纳苏的阿里斯忒亚斯，曾著长诗三卷，名《阿里玛斯培亚》，写北国的独目人的生活。此诗已散失。

18 荷马：《伊利亚特》卷十五，624~628行，这节写赫克托耳作战之勇，荷马用海上风暴来做比喻。

19 "出于……之下"。希腊文是由"在……之下"和"出于"两个前置词合成一个复合词，故云。

20 阿奇罗科斯的诗仅存片断，这里是指他的两句片言："他站在疾风巨浪的边缘上"和"他们的心灵也躺在巨浪的怀抱中"。

21 狄摩西尼在《论皇冠》中描写雅典人的惊惧，因为消息传来，说马其顿的腓力王已经占领了厄拉提亚，公元前339年的事。

22 下缺的两页，可能是说，论证是证明所要求的论点，但铺张则是加强语势，使人相信。接着，作者进而讨论柏拉图的铺张手法，并且拿柏拉图的风格同狄摩西尼的风格比较，说柏拉图"极其丰富多彩，宛若浩海……"等等。

23 作者是希腊人，收信人是罗马人，故云。

24 柏拉图：《理想国》卷九，586A，略有删节。

25 德尔斐，在帕尔纳索斯山下，是阿波罗的圣地，以阿波罗的神谕著称，女祭司坐在铜制的三脚祭坛上，地洞中升起雾气，在香烟袅袅、雾霭沉沉中，女祭司宣述神谕。古希腊人迷信神谕，凡属国家大事乃至私人凶吉，皆往求之，正如我国古人求神签那样。

26 昆提利安称斯提西科洛斯为"抒情的荷马"，阿奇罗科斯以讽刺诗著称，堪与荷马媲美。两人都是公元前7世纪的诗人，比希罗多德早生约二百年。

27 安蒙尼奥斯是亚里斯塔克的弟子，继承其师的学业，设教于亚历山大里亚，曾著《柏拉图得功于荷马》一书。

28 欧里庇得斯：《奥瑞斯忒斯》，255 行。奥瑞斯忒斯躺在病榻上，神志狂乱，在幻觉中看见他的母亲唆使复仇女神向他扑来。

29 欧里庇得斯：《伊菲革涅亚在陶里斯人中》，291 行。牧人对伊菲革涅亚讲述，他看见奥瑞斯忒斯在疯狂时说出这句狂言。

30 荷马：《伊利亚特》卷二十，170 行。这里描写受伤的狮子，荷马以受伤的狮子比喻阿喀琉斯准备同埃涅阿斯作战。

31 两节诗均见欧里庇得斯《法厄同》，此剧已失传。

32 也许出于欧里庇得斯的逸剧《亚历山大》。

33 埃斯库罗斯：《七将攻忒拜》，42~46 行。

34 指同剧 51 行，原作"没有一句哀怨出于口"。

35 出于埃斯库罗斯的三部曲，已逸，写酒神狄奥尼索斯从特拉斯来，来客古士王拒之，神作祟于王宫，王不得已乃建立酒神祭礼。

36 欧里庇得斯：《酒神祭者》，726 行。

37 见索福克勒斯《俄狄甫斯在科罗诺斯》，1586~1666 行。

38 出自逸剧《波吕删拿》。

39 欧里庇得斯：《奥瑞斯忒斯》，264 行。

40 狄摩西尼：《提谟克拉提斯》，208 节。

41 据普卢塔克记载，公元前 388 年，腓力在开洛尼亚大败雅典人，狄摩西尼的拥护者许帕里德斯提议扩大公民权，解放奴隶，因而被告发，在受审时，他说："马其顿的大军使我看不清楚了。做这个提议，罪不在我，咎在开洛尼亚之战。"

第三篇

1 以下的引证，见《论皇冠》208 节。狄摩西尼反对埃斯奇尼斯，为自己的政治主张辩护，这招致了开洛尼亚的败绩。他引过去雅典的光荣的胜利以转移听众的注意。

2 欧波利斯，喜剧家，阿里斯托芬的同代人。

3 欧里庇得斯：《酒神祭者》，317 行。

4 即设问法，说者心中早有答案，而故意设问，自问自答，是更有力而动人的一种修辞手段。

5 狄摩西尼：《论腓力》卷一，10 节，稍有改动。

6 狄摩西尼：《论腓力》卷一，44 节，稍有改动。

7 色诺芬：《希腊史》卷四，3 节。

8 荷马：《奥德赛》卷十，251～252 行。

9 "散珠格"是词句与词句间省略了连接词的修辞方法，谓联句累累如不贯之珠也。

10 "复迭格"，是把同一的字接二连三地用在一起的修辞方法。

11 "示现格"，是把实际上不见不闻的事物，说得如见如闻的修辞手法。所谓不见不闻，或者原本早过去，或者远在未来，或者不过是说者想象里的背景。示现可以大别为追述的（把过去的事情说得好像在现在发生，参阅第二十五章）、预言的（把未来的事情说得好像已经摆在眼前）、悬想的（把想象的事情说得真如在眼前）。本章的举例是悬想的示现。

12 这里三个举例，均见狄摩西尼《反梅狄亚斯》72 行，稍有增添和改动。

13 泰西的成语"在刀锋上"，意即事态危急，迫在眉睫。

14 "句的排比"指结构相同或类似的句子的排列，如第十九章的举例"以他的姿势、以他的眼色、以他的声音"；"词的变化"，指辞藻的千变万化；"语势的递进"是一种修辞格，逐渐加强语气或减弱语气的句法。——这些，作者都称之为"变态"。所谓"变态"是在语法上格、时、人称、数等的转代方法，譬如，以复数代单数（本章），或以单数代复数（下章）。

15 出处不明。西西里和南意大利的人以鲔鱼为主要食品，一人守望，发现鲔鱼，则渔人群集于海滩捕鱼。举例中的"人群"是集合名词，在语法上用单数，动词亦用单数，这里是以单数代复数的例子。

16 索福克勒斯：《俄狄甫斯王》，1403～1408 行。俄狄甫斯发现自己娶了母亲约卡斯塔，生下了孩子们，悲痛中哀叹婚姻误人。这里是以复数代单数的例子。

17 赫克托耳和萨帕冬是希腊的英雄，这里用复数"们"则是"借代"法，即以他们来象征一般有名的英雄。

18 指车马如云，马铃铮钬，声势赫赫，以象征用复数的方法。

19 狄摩西尼：《论皇冠》，18 节。

20 希罗多德：《历史》卷四，21 节。"雅典人以许多方法表示他们对米利都的沦陷感到莫大悲痛，当佛茹尼科斯写出了并且上演他的《米利都的沦陷》时，整个戏院都挥泪，而且他们罚了他一千元，为的是他使他们想起这场伤心的灾难，并且禁止这出悲剧再上演。"

21　色诺芬：《居鲁士之教育》卷七，1节，37行。

22　即作者直接对读者讲话，文中用第二人称代表读者。

23　荷马：《伊利亚特》卷十五，697行。

24　阿拉托斯：《现象篇》，287行。

25　希罗多德：《历史》卷二，29节，稍有删改。

26　荷马：《伊利亚特》卷五，85行。

27　即作者模拟诗中人物的口吻，用直接叙述法，用第一人称说话。

28　荷马：《伊利亚特》卷十五，346~349行。

29　赫卡泰俄斯，公元前6世纪米利都历史学家。

30　即作者在一段话中，突然丢开所讲的话，直呼所提及的人物，好像他们就在面前那样，用第二人称来称呼他们——这就是我们所谓"直接呼告法"。

31　这段原文的意义含糊。可能指（1）丢开阿里斯托革同不理，（2）丢开陪审员不理，因为在希腊原文"丢开"的受词是省去的，我采后一种解释，似乎更切这举例。

32　荷马：《奥德赛》卷四，681~689行。686行"你们呀"是指求婚人，对他们直接呼告，好像他们是在面前那样。687行省了"聪明的忒勒马克的家业"。

33　"婉曲"，是作者不愿意直道出原意，而是用婉转的话来代替，譬如，我们称"死亡"为"大限"。

34　色诺芬：《居鲁士之教育》卷一，5节，12行。

35　希罗多德：《历史》卷一，105节。女神是阿芙洛狄忒，"女性化的疾病"，意谓阳痿，是句婉词。

36　作者在第九章说《伊利亚特》富有热情，所以是崇高的，而《奥德赛》注重性格刻画，只是美丽动人而已。

第四篇

1　大概指下句所说的古代塑像的古色古香。

2　阿那克里翁（Anacreon，公元前563—前478）的抒情诗，"小雌马"，古人常用以比喻活泼的少女，原文无，是后世所增订。

3　忒奥庞坡斯是公元前4世纪希腊历史学家。他这句话用受训的运动员的食欲来比喻腓力的容忍的度量。

4　希罗多德：《历史》卷六，75 行；卷七，181 行。

5　狄摩西尼：《论皇冠》，296 节。

6　柏拉图：《法律篇》卷六，773。

7　指亚历山大里亚人阿波罗尼奥斯（公元前 222—前 181），其长诗《阿尔戈远航记》，写希腊人乘阿尔戈船远征寻金羊毛的传说。

8　厄拉托斯提尼，公元前 3 世纪的杂博学者，著有历史、地理、天文、文学批评、诗歌等杂著，其小诗《伊里戈涅》是一首短小精彩的哀歌。

9　巴库利德斯，希腊九大抒情诗人之一，公元前 5 世纪 70 年代是其全盛时期，其《颂诗》直至 19 世纪才被发现。

10　奇奥斯底伊翁，约生于公元前 490 年，与欧里庇得斯同时代，其悲剧作品曾获得首奖，但多半失传。

11　古希腊的竞技会，跳、角力、竞走、投铁饼、投枪五项竞技于同日举行，第二名仍有奖品。

12　荷马的惯用语，指歌者接续讲他放下了的话题。

13　指柏拉图与吕西阿斯之不同，参阅第二十二章。

14　意谓文学的崇高绝不是于人无用和无益，但自然的崇高，譬如火山的爆发，则不然。

15　柏拉图在《斐德洛斯》篇中引用过这句话，据说是米达斯的墓志。

16　波吕克利托斯的雕塑《荷枪人》曾被誉为比例最精确的杰作。

17　见第二章。

18　伊索克拉底：《颂词》第八段。

19　修昔底德：《波希战争史》卷七，225。

20　希罗多德：《历史》卷七，84 行。

第五篇

1　参阅第八章。

2　狄摩西尼：《论皇冠》。

3　这一句在原文有点含糊其词。作者大概是说：照音律的分析，"宛如云散"一语含有两个音步，"宛如 / 云散"，而第一个音步"宛如"，是由两个长音节组成的，两个长音节（— —）等于四个短音节（∨∨∨∨），即含有四拍。

4 斐利斯托斯（公元前435—前356），叙拉古历史学家，模仿修昔底德的风格。

5 欧里庇得斯：《疯狂的赫拉克勒斯》，1245行。

6 这里以艺术家塑造合乎比例的雕像喻诗人的结构，意谓这句与全篇配合得很好。

7 见已散失的悲剧《安提奥帕》，此句写牡牛拖着狄尔刻的情况。

8 指悲剧中的抒情曲。

9 希罗多德：《历史》卷七。

10 作者指摘忒奥庞坡斯使用"递退格"，此格只适合滑稽的或讽刺的文章，而崇高的篇章则应使用"递进格"。引证的一段，出处未明。

第六篇

1 第四十四章以下似乎是论感情与崇高的关系，因为作者在第八章所提出的崇高的第二个因素就是热烈的感情，第四十四章的结尾也讲到热情问题，但是因原稿残缺散失，刚讲到这个问题，即中断，我们就很难断定了。

2 荷马：《奥德赛》卷十七，322行。

3 古代牟利之徒，用惨无人道的方法，将正常发育的小孩养在笼中，束以绳索，使之变成侏儒，卖给贵族取乐。

4 原稿残缺，译者补上。

5 欧里庇得斯：《厄勒克特拉》，379行。